गीतकार, ग़ज़लकार, व्यंग्यकार

राजेश अरोरा 'शलभ'

के

गीतों, ग़ज़लों और अन्य विविध रचनाओं का नवीनतम संग्रह

भावना के स्वर

"सागर की सरगम को,
मन करता, अपना लूँ,
उद्वेलित भावों को,
गीतों का गहना दूँ!
लहरों का बन्धन है, लहरों का बन्धन है।
अकुलाया जीवन है।।"

राजेश अरोरा 'शलभ'

AF519160

डायमंड बुक्स

प्रकाशक : डायमंड पॉकेट बुक्स (प्रा.) लि.
X-30 ओखला इंडस्ट्रियल एरिया, फेज-II
नई दिल्ली-110020
फोन : 011-40712200
ई-मेल : sales@dpb.in
वेबसाइट : www.diamondbook.in
मुद्रक : रेप्रो (इंडिया)

BHAVNA KE SWAR

by : Rajesh Arora 'Shalabh'

अनेकत्व से एकत्व की ओर जाना कविता है। वह व्यष्टि और समष्टि के आन्तरिक संबंधों अर्थात भावनाओं एवं अनुभूतियों को अभिव्यक्त करती है। इसीलिए मुझे जो भी अनुभूति जब कभी, जिस रूप में हुई, उसी रूप में उसे अपने गीतों, ग़ज़लों या कविता की अन्य विधाओं में ढाल दिया! मेरा मानना है कि ग़ज़ल हो, गीत हो, देश-गान हो, भजन हो, नई कविता हो, कुछ भी हो, यदि वह पाठकों के मन को छूने, उसे आनन्दित, आकर्षित करने में सफल है तो वह कविता है और यदि नहीं, तो वह कविता नहीं है, गीत नहीं है, ग़ज़ल नहीं है। ज़रूरी नहीं कि कविता में संस्कृतनिष्ठ शब्द या उर्दू के कठिन शब्द आयें तभी वह स्तरीय होगी। यदि किसी भाव के साथ गीत में उर्दू का कोई शब्द, या ग़ज़ल में हिन्दी का कोई शब्द आकर गीत या ग़ज़ल के भावों या वज़न को बढ़ाता है, तो उसे अपनाने में परहेज़ नहीं होना चाहिए, क्योंकि भाव आत्मा हैं, तो शब्द शरीर। दोनों का समझ-बूझ से प्रयोग कविता के सौन्दर्य को बढ़ाता है!

'भावना के स्वर' मेरे हृदय में उपजे भावों को सहज शब्दों में अभिव्यक्त करने का एक विनम्र प्रयास है। आशा है, पाठकों को इन रचनाओं में एक भावनात्मकता का आभास अवश्य होगा।

राजेश अरोरा 'शलभ'

आग तो लग जायेगी दरिया के पानी में।
होंगे सच्चे लोग, लेकिन बस कहानी में।।
एक चिड़िया ने बनाया घोंसला जिनके लिये,
उड़ गये घर छोड़ बच्चे सब, जवानी में।।

मेरी ग़ज़ल ने देखिये हंगामा कर दिया।
मिलवा के दो दिलों को सुलहनामा कर दिया।।
वो 'कृष्ण' बनके आ गया जीवन में जब मेरे,
हमने ख़ुद अपने आपको 'सुदामा' कर दिया।।

●'प्रस्तावना'

मेरे अन्तर्मन की अनुगूंज है 'भावना के स्वर'

इसमें लेश मात्र झूठ नहीं है कि..................

यद्यपि हास्य-व्यंग्य की सात पुस्तकें प्रकाशित होने से पूर्व ही साहित्य जगत में मुझे मूलतः हास्य-व्यंग्य का कवि मान लिया गया, परन्तु गीतों व ग़ज़लों से भी मेरा नाता उतना ही पुराना रहा है, जितना कि हास्य-व्यंग्य से। इंजीनियरिंग कॉलेज में जब मैं छात्र-जीवन ही व्यतीत कर रहा था, मेरे द्वारा रचित कुछ गीतों को देखकर मेरे एक साहित्य प्रेमी मित्र ने मुझे 'शलभ' उपनाम रखने का सुझाव दिया और इस उपनाम से लिखा एक गीत "मैं तुम्हारी ज्योति का प्रेम 'शलभ' हूँ, एक पल क्या तुम न दीपक बन जलोगी?" काफी समय पूर्व आकाशवाणी व दूरदर्शन, लखनऊ के माध्यम से प्रसारित हो चुका है एवं इस पुस्तक में संग्रहीत है।

मेरी एक अन्य पुस्तक 'कारवाँ चलता रहे', जो 1999 में प्रकाशित हुई, में मेरा ग़ज़ल प्रेम उद्‌घाटित हुआ। यह पुस्तक भी माँ सरस्वती की अनुकम्पा से मेरी हास्य कृतियों ('हास्य-बम', 'अनंत-हसंत' व 'हास्य पर टैक्स नहीं') की तरह अखिल भारतीय स्तर पर आयोजित प्रतियोगिता में पुरस्कृत हुईं, तथा जिसका संगीतबद्ध प्रस्तुतिकरण स्वयं मेरे द्वारा तथा विभिन्न मंचों पर देश के नामचीन गायकों जिनमें संगीत गुरु श्री केवल कुमार, (आकाशवाणी, लखनऊ के संगीत संयोजक एवं सुप्रसिद्ध लोक

गायक एवं फिल्म संगीत निदेशक) उस्ताद गुलशन भारती (सुप्रसिद्ध अप्रतिम ग़ज़ल गायक), सुश्री पद्मा गिडवानी (प्रख्यात लोक गायिका), श्री मदन गोपाल (प्रख्यात भजन व ग़ज़ल गायक) एवं कु. मीना वर्मा (प्रख्यात ग़ज़ल गायिका) इत्यादि प्रमुख हैं, के द्वारा हो चुका है। मैं इन सभी नामचीन हस्तियों के प्रति इस भूमिका के माध्यम से कृतज्ञता प्रकट करना चाहूँगा, जिन्होंने मेरे गीतों, ग़ज़लों को स्वर देकर उसके कथ्य को और अधिक लोकप्रिय बनाने में सहायता की। इनके द्वारा गाये गीतों, ग़ज़लों की सुगन्ध 'कारवाँ' नाम से लोकार्पित डी.वी.डी. के माध्यम से अमेरिका व इंग्लैण्ड सहित विश्व के अन्य देशों में भी पहुंच चुकी है।

प्रस्तुत पुस्तक 'भावना के स्वर' में आपको कुछ अन्य गीतों, ग़ज़लों की महक महसूस करने को मिलेगी। इस पुस्तक में मेरे चालीस से भी अधिक वर्षों के अन्तराल में लिखे गीतों, ग़ज़लों और अन्य रचनाओं को स्थान दिया गया है, जो चर्चित होते हुए भी अभी तक अप्रकाशित थे। इस लम्बे अन्तराल में कविता के क्षेत्र में बहुत से वाद आये और चले गये। आइये, इस पर एक नज़र डालते हैं।

सबसे पहले गीतों की बात करते हैं। गीत क्या है? मेरे विचार से गीत जीवन के साथ जुड़कर चलने वाली काव्य-विधा है, वह चिरन्तन सत्य है। इसी कारण बड़े-से-बड़े झंझावात साहित्य के क्षेत्र में आये, परंतु गीत अपने स्थान पर डटा रहा। महान गीतकार नीरज जी के शब्दों में "गद्य जहां असमर्थ है, वहां कविता जन्म लेती है और जहां कविता भी लाचार है, वहां गीत आता है, लिखे जाने का अर्थ गद्य है और गाये जाने का अर्थ गीत है। जीवन जहां तक एक है, वहां तक वह काव्य है। जहां एक न होकर अनेक है, वहां वह विज्ञान है। अनेकत्व से एकत्व की ओर जाना कविता है और एकत्व से अनेकत्व की ओर आना तर्क है। जिस प्रकार कुसुम के सुवास की व्याख्या न होकर उसकी पंखुरियों के रूप-रंग (बाह्यावरण) के बारे में कुछ बताया जा सकता है, ठीक उसी प्रकार गीत के भावों की मीमांसा न होकर भी उसके साधनों और कारणों के विषय में कुछ संकेत दिये जा सकते हैं।" नीरज जी के इस वक्तव्य से मैं पूर्णतः सहमत हूं।

जहां तक हिन्दुस्तानी ग़ज़ल, ख़ासकर उर्दू शायरी, जो पैदा तो दिल्ली में हुई, जिसकी परवरिश हैदराबाद दक्कन में हुई और जो दिल्ली और

फिर लखनऊ में जवान हुई, जिसने 'मीर' से 'दाग़' और 'दाग़' से 'शक़ील', 'शक़ील' से 'बशीर बद्र' और 'बशीर बद्र' से 'शाद' तक का वक़्त देखा, का ताल्लुक़ है, यह सभी जानते हैं कि ग़ज़ल में शायर चन्द शेरों में अपनी बात कह डालता है, हर एक लफ़्ज़ का इस्तेमाल इतनी बारीक़ी से किया जाता है कि शेर में से एक भी लफ़्ज़ बदल दें या उसका क्रम भी इधर-उधर कर दें तो उसके मायने बदल जाते हैं, एक शेर मुलाहिज़ा फ़रमायें:-

"दुनियां की इक फ़क़ीर ने कुछ यूं मिसाल दी,
मुठ्ठी में ले के ख़ाक, हवा में उछाल दी।"

इसी तरह उस्ताद ज़ौक़ की ग़ज़ल का एक शेर देखें

"अब तो घबरा के ये कहते हैं कि मर जायेंगे,
मर के भी चैन न पाया, तो किधर जायेंगे।"

इस शेर में एक भी ऐसा शब्द नहीं, जो जन-सामान्य की बोल-चाल का न हो। मैंने अपनी ही एक ग़ज़ल में लिखा है :-

"बहर बड़ी हो, या छोटी हो बहर,
ज़रूरी ये है, हो लफ़्ज़ों में असर।"

मेरा बेबाक़ मानना है कि ग़ज़ल हो, गीत हो, नई कविता हो, देश-गान हो, भक्ति गीत हो, कुछ भी हो, वह यदि पाठक अथवा श्रोता के मन को छूने, उसे आनन्दित, आकर्षित करने में सफल है तो वह कविता है और यदि नहीं तो वह कविता नहीं है, गीत नहीं है, ग़ज़ल नहीं है। आज कोई हिन्दी ग़ज़ल का ढिंढोरा पीट रहा है, कोई नवगीत, नयी कविता, अकविता आदि की बात कर रहा है, अन्य भी अनेक नामों से कविता को जोड़ा या यूं कहें कि 'तोड़ा' जा रहा है, परन्तु मेरा कहना केवल इतना है कि यदि किसी ग़ज़ल में हिन्दी का शब्द आकर ग़ज़ल के वज़न को बढ़ाता है और वह स्वतः स्फूर्त है, तो उसे अपनाने में कोई परहेज़ नहीं होना चाहिए, मैं तो इसका पक्षधर हूं। शब्द शक्ति, व्यष्टि व समष्टि के अंतर्सम्बंध को अभिव्यक्त करती है। यह अन्तर्सम्बंध ही वैचारिक व सांसारिक सृष्टि को रमणीयता व रोचकता प्रदान कर सृजन भावनाओं को उद्दीप्त करता है। भाषा कभी नहीं बोलती कि मैं हिन्दी हूं या उर्दू हूं! भाषा, मज़हब की दीवारें मानव द्वारा निर्मित की गई हैं।

दीवारें खींचकर चलना मुझे अच्छा ही नहीं लगता। इसीलिए, जो अनुभूति जब कभी, जिस रूप में भी मुझे प्राप्त हुई, उसे सरलता से अपने गीतों में, ग़ज़लों में या अन्य कविताओं में ढाल दिया। संस्कृत-निष्ठ शब्दों का या उर्दू के क्लिष्ट शब्दों का ज़बरदस्ती ठूंसना, जिसे आम पाठक समझ न सकें और फिर पूरी रचना का आनन्द ही न ले सकें, मुझे रास नहीं आता। प्रस्तुत पुस्तक में संकलित रचना 'कविता क्या है?' 'कदाचित मेरे अन्तर्भावों को सीधे-सीधे रूप में निरूपित करती है।

पाठक वृन्द! 'भावना के स्वर' मेरे हृदय में उपजे भावों को प्रकाशित करने का एक विनम्र प्रयास है। ये वो स्वर हैं, जिनमें प्रत्येक विधा में, चाहे वो शृंगार के गीत हों, ग़ज़ल हों, देश गान हो, नव-वर्ष या निर्माण के गीत हों, भजन हों, छंद हों या छंदमुक्त कविताएं हों, बिना किसी लाग-लपेट के खिलंदड़ीपन के साथ स्वतः प्रस्फुटित हुई हैं, मैंने जब-जब, जो-जो अच्छा लगा, प्रकट कर दिया है। कह नहीं सकता कि सुधी पाठकों और समीक्षकों को ये "स्वर" कैसे लगेंगे, परन्तु इतना विश्वास है कि संगीत की रुचि रखने वाले पाठकों को इनमें एक लयात्मकता का आभास अवश्य होगा! मेरे पूर्व प्रकाशित ग़ज़ल संग्रह के साथ-साथ हास्य-व्यंग्य की सभी पुस्तकों को सुधी पाठकों ने हाथों-हाथ लिया है, जिसके लिए मैं उनका सदैव कृतज्ञ हूं! आशा है यह पुस्तक भी उनके विश्वास पर खरी उतरेगी।

मैं इस पुस्तक के प्रकाशन में उत्साहवर्धन हेतु साहित्य क्षेत्र के सुप्रसिद्ध साहित्यकारों, पदम्भूषण पं. श्री लाल शुक्ल, पं. भवानी शंकर शुक्ल, पद्मश्री डॉ. एस. सी. राय, पद्मश्री के.पी. सक्सेना, डॉ. उर्मिल कुमार थपलियाल, श्री गोपाल चतुर्वेदी, डॉ. योगेश प्रवीन, डॉ. सूर्य कुमार पाण्डेय, श्री श्याम मिश्र, डॉ. सुरेश, डॉ. कैलाश निगम एवं श्री राजेश कुमार का शुक्रिया अदा करता हूँ, जिन्होंने समय-समय पर मेरी रचनाओं की प्रशंसा व सराहना की है। मैं अपने शुभचिन्तक एवं वर्तमान में राज्यपाल, उ.प्र. के प्रमुख सचिव श्री जी.बी. पटनायक जी (आई.ए.एस) का भी आभारी हूं, जिन्होंने मेरी पूर्व प्रकाशित पुस्तकों की भूरि-भूरि सराहना की है एवं मुझे सतत् काव्य-लेखन हेतु प्रोत्साहित किया है। अपने इष्ट साहित्य व कला प्रेमी मित्रों सर्वश्री उदय भान पाण्डेय, श्रवण

कुमार गर्ग, प्रमोद वार्ष्णेय, सुशील मित्तल, बृजेन्द्र प्रताप सिंह, रज्जन लाल, दिनेश श्रीवास्तव, अवधेश, आर.पी. त्रिवेदी, शिशिर जिन्दल, राहुल दत्त, रवि सारस्वत, राकेश वर्मा, मनीष श्रीवास्तव, प्रशान्त मेहरोत्रा एम. एस. गुलाटी, अग्रज भाई एस.एन. मिश्र, भाई एन.सी. पाण्डेय, सुश्री सुनीता गर्ग एवं निशा श्रीवास्तव का उल्लेख एवं धन्यवाद ज्ञापन यदि मैं न करूं तो यह मेरी कृतघ्नता होगी, क्योंकि ये सब मेरी रचनाओं की सदैव सराहना कर मुझे काव्य-लेखन हेतु प्रेरित करते रहे हैं। इस अवसर पर मुझे तीन ऐसे लोगों की स्मृति शेष है, जो अपने जीवनपर्यन्त मेरी रचनाओं के प्रशंसक रहे और अपने आशीर्वचनों एवं शुभाशीषों से मेरा मनोबल बढ़ाते रहे। सुप्रसिद्ध साहित्यकार (स्व.) डॉ. चन्द्रिका प्रसाद शर्मा. (स्व.) श्री कुमुद नागर (सुप्रसिद्ध नाट्य निदेशक) एवं पूर्व मंत्री, उ.प्र. एवं उर्दू अकादमी की पूर्व चेयर परसन(स्व.) डॉ. शीमा रिज़वी को इस भूमिका के माध्यम से मैं अपनी कृतज्ञ भावांजलि प्रस्तुत कर रहा हूं।

मैं पुस्तक के प्रकाशन एवं साज-सज्जा हेतु पुस्तक के प्रकाशक एवं डायमण्ड पॉकेट बुक्स, नई दिल्ली के प्रबन्ध निदेशक श्री नरेन्द्र कुमार जी का भी विशेष आभार प्रकट करता हूं, जिन्होंने इस पुस्तक सहित मेरी अन्य तीन पुस्तकें ('हास्य-बम', 'अनन्त-हसन्त' व 'कारवां चलता रहे') प्रकाशित की हैं एवं उन्हें बेहतरीन साज-सज्जा व कलेवर में लाइब्रेरी व पॉकेट बुक्स, दोनों संस्करणों में प्रस्तुत किया। इन सभी पूर्व प्रकाशित पुस्तकों को अखिल भारतीय स्तर पर पुरस्कृत भी किया गया, जिसका श्रेय कथ्य के साथ-साथ उनके आकर्षक मुद्रण एवं पुस्तक के कलेवर तथा साज-सज्जा को भी जाता है। यद्यपि यह सभी पुस्तकें आज की तिथि में आउट-ऑफ-स्टॉक चल रही हैं, पर मुझे आशा है कि नरेन्द्र जी शीघ्र इनके पुनः संस्करण प्रकाशित कर इन्हें पाठकों को पढ़ने का सुअवसर प्रदान करेंगे।

अन्त में, परन्तु सबसे महत्वपूर्ण, मैं अपनी धर्मपत्नी श्रीमती रंजना के साथ-साथ अपनी सहोदर बहनों सुश्री उषा, प्रभा व पूनम सहित पुत्री दीपाली व पुत्र गौरव को भी साधुवाद दूंगा, जिन्होंने पुस्तक की अधिकांश रचनाओं को मंचों पर, आकाशवाणी से

प्रसारित संगीत कार्यक्रमों अथवा दूरदर्शन पर देखा व सुना है एवं जिनका प्रोत्साहन सदैव मेरा प्रेरक संबल रहा है।

यहां मैं एक व्यक्तिगत बात का भी उल्लेख करना चाहूंगा। मेरे पूज्य पिताश्री स्व. श्याम बिहारीलाल अरोरा जी, जो जिला शाहजहांपुर (उ.प्र.) के एक नामी-गिरामी पुश्तैनी यूनानी हक़ीम (वैद्य) थे, की असामयिक मृत्यु वर्ष 1957 में ही हो गई थी, जब मेरी माता श्रीमती तारावती जी की आयु केवल 36 वर्ष थी। मेरी आयु भी उस समय केवल 8 वर्ष की थी। मेरी पूज्य मां ने, जो अब जीवन के 90 वर्ष पूर्ण कर चुकी हैं, जीवन में बड़े-बड़े दु:ख उठाये हैं। मात्र 36 वर्ष की आयु में पति का साथ छूट जाना, फिर एक पुत्र (मेरे एक अनुज भाई सुभाष) का वर्ष 1984 में हुए दंगों में एक बच्चे को बचाते हुए दिवंगत हो जाना, (जब वे केवल 28 वर्ष के ही थे) आदि ऐसी घटनाएं हैं, जिन्हें धैर्य व साहसपूर्वक सहन करती हुई, वे हम सभी की अभी तक बच्चों की तरह चिन्ता करती हैं। जो ममता, दया, करुणा, बलिदान और त्याग की प्रतिमूर्ति हैं।

प्रस्तुत पुस्तक में अपनी उन्हीं पूज्यनीया माता श्रीमती तारावती जी को उनके प्रति सम्पूर्ण श्रद्धा एवं आदर के साथ समर्पित कर रहा हूं।

दिनांक: 13 जुलाई, 2011

राजेश अरोरा 'शलभ'
3/451-ए, विराम खण्ड,
गोमतीनगर, लखनऊ
सम्पर्क:- 0522-2393005
मो.-09839753231

ई-मेल-rajesharora194@gmail.com
rajesharorashalabh@hotmail.com

पुरोवाक्

श्री राजेश अरोरा 'शलभ' पेशे से एक इंजीनियर हैं। इसे कविता का चुम्बकीय आकर्षण ही कहेंगे कि वह सिर्फ-कविता में रुचि ही नहीं रखते, स्वयं एक अच्छे कवि भी हैं। राजेश जी का व्यक्तित्व बहुआयामी है। वह आकाशवाणी के अनुमोदित गायक होने के साथ-साथ रंगमंच के अभिनेता भी रहे हैं। कई नाटकों, बाल नाटकों में निर्देशक भी रहे हैं और संगीत निर्देशक भी।

"भावना के स्वर" उन की पद्य-रचनाओं का नवीनतम संग्रह है। इस में गीत, दोहे, ग़ज़ल आदि सब कुछ है। राजेश कोमल भावनाओं के चितरे हैं। उनके अंतर में प्रश्न उठना स्वाभाविक है। तभी तो वह कहते हैं-

अकुलाया जीवन है,
प्रश्न भरा क्यों मन है!

इसी के अंत में उन का निपट अकेलापन झलकता है-

एकाकी मन मेरा,
घोर घिरा आँधयारा
रोम-रोम पागल सा
ढूँढ रहा उजियारा,
कितना सूनापन है, कितना सूनापन है!

कभी वह प्रेमिका में प्रकृति को देखते हैं। उस में अजान "सरिता के जल की गहराई" का अनुमान लगाकर कह उठते हैं-

पूछा मैंने "कब आओगी"?
तुम कल कल करती निकल गईं?

संग्रह के गीत प्राकृतिक चित्रण से भरपूर हैं और उन की सरल-सहज भाषा, बिम्ब-योजना, और गेय तत्व के कारण वह मन को छूने की क्षमता से ओत-प्रोत हैं। राजेश के गीत बार-बार पढ़ने का मन करता है। यह कवि की एक बड़ी सफलता है। उर्दू से आई ग़ज़ल आजकल हिन्दी का हिस्सा बन गई है। बलवीर सिंह रंग, दुष्यंत से लेकर शेरजंग गर्ग, विजय किशोर मानव, लक्ष्मी

शंकर बाजपेई जैसे कवियों ने इसे अभूतपूर्व लोकप्रियता दी है। राजेश जी की ग़ज़लें भी, उन के गीतों के समान मन को लुभाती हैं। कौन उन से सहमत न होगा, जब वह कहते हैं कि-

हरसू अदब के देखिये आयाम कई हैं-
गुलशन में ग़ौर कीजिये, गुलफ़ाम कई हैं!

उन का कवि भारत की गंगा-जमुनी, उदार, समन्वय की धनी संस्कृति से अनुप्राणित हैं और कह उठता है-

मालिक है सब का एक ही, कुछ भी उसे कहो,
वाहे गुरू, भगवान, ख़ुदा नाम कई हैं!

उन का कवि जीवन की चुनौतियों से नहीं घबराता है-

उसे खाने दो थोड़ी ठोकरें भी,
ज़िन्दगी दुधमुंहा बच्चा नहीं है!

कभी कभी उन के अंदर का व्यंग्यकार जाग उठता है-

अब अदब की बात बेमानी लगे है,
शाख पर हर एक, चमगादड़ टँगे हैं!

उन्हें दिनोदिन जीवन की आपाधापी में घटती संवेदना का भी गहरा अहसास है-

रो नहीं सकते हैं, पत्थर हो गये,
मौसमे गुल आज पतझर हो गये!

अतीत का स्मरण मानव-मन की कमज़ोरी है-

कहाँ गये वो लोग, सुनहरी शाम कहाँ है,
शीशमहल भी टूटा सा छप्पर लगता है!

राजेश की कविता की विविधता, स्वाभाविक सौन्दर्य-बोध, सहजता, आंतरिक भावनाओं की अनूठी अभिव्यक्ति ने इस संग्रह को स्मरणीय और पठनीय बनाया है। मुझे विश्वास है कि जैसा यह मुझे भाया है, पाठकों को भी लुभायेगा!

721-722, इन्दिरा भवन
अशोक मार्ग, लखनऊ!

(गोपाल चतुर्वेदी)

श्री गोपाल चतुर्वेदी सुप्रसिद्ध व्यंग्यकार एवं स्तंभकार है। अनेकानेक सम्मानों से नवाज़े श्री चतुर्वेदी सम्प्रति उ0प्र0 भाषा संस्थान, लखनऊ के कार्यकारी अध्यक्ष हैं।

भावोद्‌गार

राजेश अरोरा "शलभ" का नाम लखनऊ के हिन्दी-उर्दू अदब में एक पहचान बन चुका है। अपने जीवन का जिया हुआ प्रत्येक पल "शलभ" के साहित्य में क्रमानुसार प्रतिबिम्बित मिलता है। "विपरीत हवायें भी चिराग़ की ऊर्जा में इज़ाफ़ा करती हैं" ये बात सच है तो नई उम्र के तकाज़े ने उन्हें एक उम्दा हास्य-व्यंग्यकार के रूप में प्रतिष्ठित किया और उनकी रोचक रचनाएँ अपने मिशन में कामयाब भी रहीं। लोगों ने उन्हें चाहा भी, सराहा भी।

ज़िन्दगी के इस मोड़ पर जब संसार की सच्चाईयाँ और उनके अपने अनुभव अब उनके बहुत क़रीब हैं तो ज़ाहिर है कि उनकी काव्यात्मक अनुभूति भी यथार्थ के ठोस धरातल पर पहुँच चुकी है और उसी की देन है 'शलभ' जी का नवीनतम गीत, ग़ज़ल संग्रह 'भावना के स्वर'-

"ज़िन्दगी है आज क्यों सहमी हुई,
मोड़ पर ठिठकी हुई, ठहरी हुई।"

मैंने पहले ही कहा है कि वो लखनऊ के हैं और लखनऊ सौ फ़ीसदी उनका है यही लखनऊ का समभाव चरित्र है जिसके लिए यह विश्व का सर्वश्रेष्ठ कास्मोपालिटन सिटी होने का गौरव रखता है। "शलभ" जी ने भी यहाँ लखनऊ की गंगा-जमुनी तहज़ीब का साथ दिया है, न हिन्दी से दुराव, न उर्दू से अलगाव। दिल की आवाज़ है, कहीं गीतों की "बानगी" में है तो कहीं ग़ज़लों की अदा में है -

"इतराते हो जिस शरीर पर किसका है ?
काम उसी के आने दो यह जिसका है"

इस तरह से अपने आप को सब में तक्सीम करके "शलभ" ने जीवन का एक नया अर्थ दिया है। उनकी इस कामयाबी के लिए मैं उन्हें हृदय से आशीष देता हूँ।

पंचवटी, 89 ग़ौसनगर पाण्डे गंज,
लखनऊ

शुभाकांक्षी
(योगेश प्रवीन)

---

30 से अधिक पुस्तकों के लेखक डा0 योगेश प्रवीन सुप्रसिद्ध इतिहासकार, लेखक, स्तंभकार, गीतकार व ग़ज़लकार हैं। उनको उत्तर प्रदेश रत्न रहित अनेकानेक राष्ट्रीय एवं प्रादेशिक सम्मानों से नवाज़ा जा चुका है!

सागर की सरगम का माधुर्य हैं भावना के स्वर!

राजेश अरोरा 'शलभ' मूलतः कवि हैं, इसीलिए मौलिक हैं! प्रकृति का मूल ही कविता है। हास्य-व्यंग्य राजेश का एक आयाम है। यहाँ उनकी तीखी टिप्पणियाँ तात्कालिक भी है और सनातन भी! उनका हास्य-व्यंग्य घटना प्रधान है। चलता फिरता है, इसीलिए सजीव है। राजेश की कृतियों की जीवंतता ही उन्हें अलग पहचान देती है। उनकी प्रतिभा के अनेक आयाम सीधे सादे, सहज, सरल और सुखद हैं! आज के कठिन दौर में जब असाध्य, जटिल, बोझिल और वक्र कविता का स्थापत्य चलन में हो, राजेश अपनी स्थानीयता में एक अलग पहचान बनाते हैं। उनकी भावना के स्वर आज के सम्भावित शोर में नहीं खोते!

आज जब टेड़ी-मेढ़ी रेखाएं खींचने का दौर है, तब एक सीधी सरल रेखा खींचना मामूली काम नहीं है!

भावना के ये स्वर पूरी लयकारी में अपना बिहान बुनें तो अमन-चैन को अच्छा लगेगा। रूहदारी खुश होगी।

मेरी बहुत बहुत शुभकामनाएं।

ए-1075/3 इंदिरा नगर,
लखनऊ

(डा. उर्मिल कुमार थपलियाल)

डा0 उर्मिल कुमार थपलियाल सुप्रसिद्ध नाट्य निदेशक, व्यंग्यकार, गीतकार एवं स्तंभकार हैं। आपको भारत के उप-राष्ट्रपति द्वारा राष्ट्रीय संगीत नाटक अकादमी पुरस्कार सहित देश-प्रदेश के अनेकानेक सम्मानों से सम्मानित किया जा चुका है।

अर्पित

समर्पित

पूज्यनीया माँ श्रीमती तारावती जी
को

श्रीमती तारावती जी की
फोटो

मां! रिश्ता यह रूहों का है

दुनियां में सबसे ऊंचा, दरज़ा होता बस मां का है,
क्योंकि जन्म से पहले ही, बच्चे से उसका नाता है।।

बच्चों की खुशियों में मां, अपनी खुशियां ढूंढा करती,
उनकी किलकारी में गूंजे, उसका सदा ठहाका है।।

जब-जब आई मुसीबत बच्चों पर, मां चिन्ताग्रस्त हुई,
आफ़त ली सर अपने, उनका हुआ बाल ना बांका है।।

भूखे रहकर भी, मां तो बच्चे को दूध पिलाती है,
पेट भरे बच्चे का, बेशक ख़ुद करती वो फ़ाक़ा है।।

बच्चा रहता दूर बहुत, फिर भी मां के दिल में रहता,
किसने आज तलक मां की ऐसी ममता को आंका है?

जन्म कई पा जायें नहीं ऋण 'शलभ' चुका पायें तेरा,
मां! रिश्ता यह रूहों का है, नहीं जिस्म और जां का है।।

राजेश अरोरा 'शलभ'

व्यक्तित्व एवं कृतित्व

नाम : राजेश अरोरा 'शलभ'

जन्मतिथि : 13 जुलाई 1949

जन्मस्थान : शाहजहांपुर (उ.प्र.)

शिक्षा : बैचलर ऑफ इंजीनियरिंग (इलेक्ट्रिकल)

व्यवसाय : उ.प्र. पावर कारपोरेशन, लखनऊ में अधीक्षण अभियन्ता के पद से सेवानिवृत्त। तत्पश्चात आज़ाद इंजीनियरिंग कालेज, लखनऊ में एसोशिएट प्रोफ़ेसर। सम्प्रति सेवडी इन्स्टीट्यूट ऑफ मैनेजमेंट एण्ड टेक्नोलॉजी लखनऊ में संयुक्त निदेशक।

भाषा ज्ञान : हिन्दी, अंग्रेजी, बांग्ला, उर्दू, संस्कृत।

साहित्यिक योगदान :-

प्रकाशित पुस्तकें : पैरोडीसंग्रह (1968), हास्य-पिटारा (1985), हास्य-बम(1997), कारवां चलता रहे (ग़ज़ल संग्रह-1999), अनन्त-हसन्त (2000), हास्य पर टैक्स नहीं (2004), लाहौल-वला-क़ुव्वत (2007), हंस ले जब तक सांस (2011), भावना के स्वर (2011), (सभी पुस्तकें देश के उत्कृष्ट प्रकाशकों द्वारा प्रकाशित)।

योगदान

अन्य प्रकाशन/:- राष्ट्रीय स्तर की अनेक पत्र-पत्रिकाओं में 1000 से भी अधिक रचनाएं प्रकाशित। आकाशवाणी, दूरदर्शन, मंचों एवं निजी टी.वी. चैनलों पर काव्य-पाठ/संचालन।

कई नाटकों/बाल नाटकों का लेखन (अप्रकाशित), अनेक साहित्यिक गोष्ठियों का आयोजन/संचालन। दैनिक वॉयस ऑफ़ लखनऊ (पूर्व में जनसत्ता) तथा साप्ताहिक "वीक एण्ड टाइम्स" के नियमित स्तंभकार/हास्य-व्यंग्य की राष्ट्रीय पत्रिका 'झुनझुना' के सलाहकार।

सांस्कृतिक योगदान:-

एक दर्जन से अधिक पूर्णकालिक नाटकों (केन्द्रीय भूमिका) में अभिनय। अनेक पूर्णकालिक नाटकों, बाल नाटकों का निर्देशन/संगीत निर्देशन, आकाशवाणी, लखनऊ/दूरदर्शन के अनुमोदित गायक। अनेकानेक स्वयं के लिखे एवं अन्य गीत, ग़ज़ल, भजन, लोकगीत आदि आकाशवाणी व दूरदर्शन से प्रसारित! उ.प्र. में बनी पहली फीचर फिल्म 'दम्पति' में अभिनय। 500 से भी अधिक सांस्कृतिक/साहित्यिक/संगीत कार्यक्रमों के आयोजन/संचालन का अनुभव। लखनऊ की 1980 में स्थापित प्रतिष्ठित साहित्यिक, सांस्कृतिक, सामाजिक संस्था बिम्ब कला केन्द्र के संस्थापक एवं वर्तमान में महासचिव। अनेक प्रतिष्ठित साहित्यिक, सांस्कृतिक व सामाजिक संस्थाओं में सक्रिय भागीदारी। प्रख्यात गायक अनूप जलोटा, चन्दन दास, शेखर कल्याण आदि के कार्यक्रमों में संचालन।

सम्मान/पुरस्कार-

- पुस्तक 'हास्य-बम' वर्ष 1997 में मध्यप्रदेश में अखिल भारतीय स्तर पर प्रकाशित पुस्तकों की खुली प्रतियोगिता में व्यंग्य विधा में सर्वश्रेष्ठ घोषित व इस हेतु 'हास्य-रत्न' अलंकरण, जबलपुर के मानस-भवन में।
- पुस्तक 'अनन्त-हसन्त' वर्ष 2001 में अखिल भारतीय प्रतियोगिता में साहित्य की सभी विधाओं में सर्वश्रेष्ठ काव्य-कृति घोषित

एवं इस हेतु आयोजन का सर्वोच्च 'हिन्दी-रत्न' सम्मान लखनऊ में, उ.प्र. के तत्कालीन राज्यपाल आचार्य विष्णुकान्त शास्त्री द्वारा।

- वर्ष 2002 में दक्षिण भारत हिन्दी प्रचार सभा, चेन्नई, जन-कल्याण साहित्य समिति, इलाहाबाद एवं सरदार पटेल हिन्दू इण्टर कालेज प्रबन्ध समिति, शाहजहांपुर द्वारा सम्मान।
- वर्ष 2005 में ग़ज़ल-संग्रह 'कारवां चलता रहे' पुरस्कृत एवं इस हेतु 'साहित्य श्री' सम्मान (खंडवा, म.प्र. में)।
- वर्ष 2006 में व्यंग्य-संग्रह 'हास्य पर टैक्स नहीं' पुरस्कृत एवं इस हेतु 'साहित्य-भूषण' अलंकरण।
- वर्ष 2008 में जैमिनी अकादमी, पानीपत (हरियाणा) द्वारा रामधारी सिंह दिनकर सम्मान।
- वर्ष 2010 में मदनमोहन मालवीय इंजीनियरिंग कॉलेज, गोरखपुर (उ.प्र.) द्वारा सम्मान।
- राजधानी लखनऊ की अनेक स्थानीय संस्थाओं द्वारा समय-समय पर सम्मानित।

आवासीय पता:-

सृजन 3/451-ए, विराम खण्ड,

गोमतीनगर, लखनऊ-226010

सम्पर्क:- 0522-2393005

मो.-09839753231

ई-मेल-rajesharora194@gmail.com

rajesharorashalabh@hotmail.com

विषय सूची

गीत

भावना के स्वर

भावना के स्वर सुकोमल प्राण! तुम स्वीकार कर लो,
हृदय में मुझको बसाकर, आज अंगीकार कर लो।

मौन वाणी का निवेदन कर रहा हूं मैं युगों से,
प्रीति अपनी शान्त अर्पण कर रहा हूं मैं युगों से।
कामना दे दो नयन से, सलिल का शृंगार कर लो,
हृदय में मुझको बसाकर, आज अंगीकार कर लो।।

रोक देने से किसी की भावनाएं रुक न पायें,
यातनाओं से हृदय की आस्थाएं झुक न पायें।
प्रीति का पावस निमन्त्रण है, चलो मनुहार कर लो,
हृदय में मुझको बसाकर, आज अंगीकार कर लो।।

इस तरह निष्ठुर बनी तो, पीर पर्वत सी लगेगी,
मांगने पर मिल न पाया स्नेह, लौ कब तक जलेगी?
'शलभ' का बलिदान अनगिन, जीतकर भी हार कर लो।
हृदय में मुझको बसाकर, आज अंगीकार कर लो।

अभिव्यक्ति

साधकों की साधना अभिव्यक्ति है,
कला की आराधना अभिव्यक्ति है।
वंदनीयों का सदा वंदन करें,
मित्र ऐसी धारणा अभिव्यक्ति है।।

बात अपनी बांचना अभिव्यक्ति है,
योग्यता को आंकना अभिव्यक्ति है।
सीप में मोती मिलेंगे खोजिये -
बूंद की मृदु कल्पना अभिव्यक्ति है।।

हर किसी की कामना अभिव्यक्ति है,
हम सभी का आईना अभिव्यक्ति है।
जीतना या हारना सब कुछ नहीं,
ख़ुद-से-ख़ुद का सामना अभिव्यक्ति है।।

कर्म की स्थापना अभिव्यक्ति है,
जुल्म की अवमानना अभिव्यक्ति है।
दुर्बलों का हाथ बढ़कर थामिये,
शक्ति की संभावना अभिव्यक्ति है।।

न्याय का हक मांगना अभिव्यक्ति है,
भीरूता को त्यागना अभिव्यक्ति है।
देर से आये, मगर आये सही,
नींद से उठ जागना अभिव्यक्ति है।।

कवि हृदय की भावना अभिव्यक्ति है,
फिर उसे सुविचारना अभिव्यक्ति है।
कर दे जन-जन के हृदय को जो विकल,
गीत की प्रस्तावना अभिव्यक्ति है।।

फिर भी न परिचय हो सका है

आस और विश्वास का अद्‌भुत, अजब संबंध है यह,
अनगिनत बाधक मिले, फिर भी न संशय हो सका है।।

रवि सदा ही है बंधा सा, निज किरण के बंधनों में।
और चंदा है झुका सा, रात्रि के आमंत्रणों में।।
सांझ आकुलता बढ़ाती, पथिक की हर नव-डगर में,
रुपसी सौ बार बिम्ब निहारती है दर्पणों में।।

रात का और प्रात का अद्‌भुत, अजब संबंध है यह,
एक-दूजे से मिले, फिर भी न परिणय हो सका है।।

आज धरती पर हवाएं चल रहीं, उनमें नमी है,
गगन पर लहरा रही हैं बदलियां, बारिश थमी है।
हो चलीं मुकिलित दिशाएं, इन्द्रधनुषी सी अचानक,
चमकती है दामिनी चंचल, गगन में ही रमी है।।

धरा और आकाश का अद्‌भुत, अजब सबंध है यह,
क्षितिज में दोनों मिले, पर मन न तन्मय हो सका है।

विदा-बेला में पुकारे, आज कोई करुण स्वर में,
जा रहा कोई मुसाफिर, दूर अपनी ही डगर में।।

आ गया देखो निमन्त्रण, दूर टूटा एक तारा,
मोह यह कब तक रहेगा, भावना के इस नगर में।।

देह का और प्राण का अद्‌भुत, अजब संबंध है यह,
साथ जीवन भर रहे, फिर भी न परिचय हो सका है।

प्रेम जो करते, किसी से वो कभी डरते नहीं है।
पंथ पर चुपचाप चलते, शोर वो करते नहीं हैं।।
जा रहे हैं इस निशा को उस उषा तक जो मिलाने,
रहें तम में भी अविचलित, आह तक भरते नहीं हैं।।

'शलभ' का और ज्योति का अद्‌भुत, अजब संबंध है यह,
प्यार में दोनों जले, पर सुख न संचय हो सका है।।

लहरों का बन्धन है...

(दूरदर्शन लखनऊ से 'हस्ताक्षर' कार्यक्रम में प्रसारित)

अकुलाया जीवन है,
प्रश्न भरा क्यों मन है?
अकुलाया जीवन है।।

सुध-बुध है बिसर गई,
इक बांकी चितवन में,
पोर-पोर मचल गई,
आंखों के दरपन में,
शरमाया यौवन है, शरमाया यौवन है।
अकुलाया जीवन है।।

सांस-सांस, रूकी-रूकी,
अनजाना आकर्षण,
व्यथित हृदय बार-बार,
आधा है आमन्त्रण,
यह कैसी उलझन है, यह कैसी उलझन है।
अकुलाया जीवन है।।

सागर की सरगम को,
मन करता अपना लूं,
उद्वेलित भावों को,
गीतों का गहना दूं,

लहरों का बन्धन है, लहरों का बन्धन है।
अकुलाया जीवन है।।

रंगों से देह सनी,
लगे छवि पाहुनी,
सनन्-सनन् पवन चले,
वासंती-फागुनी,
गात-गात चन्दन है, गात-गात चन्दन है।
अकुलाया जीवन है।।

एकाकी मन मेरा,
घोर घिरा अंधियारा,
रोम-रोम पागल सा,
ढूंढ रहा उजियारा,
कितना सूनापन है, कितना सूनापन है।
अकुलाया जीवन है।।

तुम बन जाओ व्याकरण मेरी...

(दूरदर्शन 'सुर संध्या' कार्यक्रम से प्रसारित)

तुम बन जाओ व्याकरण मेरी, मैं कुछ गीत, छंद लिख दूंगा
तुम छलकाओ रूप रस गगरी, मैं उस पर निबंध लिख दूंगा।।

जो कुछ भी पाया इस जग में, तुमको सब कर दूं मैं अर्पित,
मेरा ये तन, मेरा ये मन, सब कुछ तो है तुम्हें समर्पित,
कोरे कागज़ पर यह जीवन, करके नेत्र बन्द लिख दूंगा।
तुम बन जाओ...।।

तुम राधा का रूप रचातीं, तुम मीरा की छवि दिखलातीं,
करके व्याकुल मन को मेरे, सुध-बुध हो मेरी बिसरातीं,
अंग-अंग को पृष्ठ बनाकर, मैं कान्हा-गोविन्द लिख दूंगा।
तुम बन जाओ...।।

प्राण-प्राण में, सांस-सांस में, पल-पल में और क्षण-क्षण में,
यादों के जुगनू चमका करते हैं, मन के प्रागंण में,
उर के सुरभित स्मृति पट पर, प्रिय मधुमय सुगन्ध लिख दूंगा।
तुम बन जाओ...।।

एक पल क्या...

(दूरदर्शन 'हस्ताक्षर' कार्यक्रम से प्रसारित)

मैं तुम्हारे प्यार का प्यासा पपीहा,
एक पल क्या तुम न बादल बन सकोगी?
मिट गया अस्तित्व मेरा,
अस्थि-पंजर शेष केवल,
मार्ग में पलकें बिछायें,
देखता हूं राह प्रतिपल।।
मैं पथिक बन पंथ केवल ढूंढता हूं,
एक पल क्या पन्थ बन तुम मिल सकोगी?

शेष उपवन में नहीं कुछ,
पुष्प कुछ कहते नहीं।
घूमता हूं मैं भ्रमर सा,
तू जहां है, मन वहीं।।
मैं भ्रमर बन गूंजता हूं उपवनों में,
एक पल क्या पुष्प बन तुम खिल सकोगी?

रात्रि अंधियारी निशा भी,
घोर मद में चूर होगी।
मात्र इक मुस्कान से,
सब वेदनाएं दूर होंगी।।
मैं तुम्हारी ज्योति का प्रेमी 'शलभ' हूं,
एक पल क्या तुम न दीपक बन जलोगी?
मैं तुम्हारे प्यार का...।।

गीतों में रात चली जाये रे

(आकाशवाणी, लखनऊ से प्रसारित)

छंदों की सांझ बड़ी भाये रे।
गीतों में रात चली जाये रे।।

भावना का उद्‌गम हो, कोई नहीं पहरा हो,
सामने सलोना सा, कोई एक चेहरा हो।
शब्द स्वयं कविता बन आयें रे,
गीतों में रात...।।

भोर भई, चले गये, तारागण बाराती,
चांदनी की दुल्हनिया सजना के घर जाती।
सूरज की किरन मुस्कराये रे,
गीतों में रात...।।

मन्द-मन्द पवन चले, चाह रही कुछ कहना,
संयम न टूट जाये, रे मन वश में रहना।
मानता नहीं है गुनगुनाये रे,
गीतों में रात...।।

मैं अमा में भी चन्दा खिला दूं...

प्यार से तुम जो मुझको निहारो,
मैं अमा में भी चन्दा खिला दूं।
गीतिका जो बनो मेरे मन की,
स्वर मिलाकर अभी गुनगुना दूं।

तोड़कर आज बंधन ये सारे,
पग बढ़ा दो अगर संग हमारे।
या धरा को मैं नभ पर उठा लूं,
या मैं नभ को धरा पर गिरा दूं।
प्यार से...।।

यूं है अरूणा के आंचल में मोती,
ओस की बूंद जैसे हो सोती।
प्राण! खामोश से इन क्षणों को,
याद की इक कहानी बना दूं।
प्यार से...।।

प्यार की तुम सुरीली सी सरिता,
मेरे मन प्राणपन की हो कविता।
क्यों हो कल-कल की तुम रट लगाये,
आज ही मन समूचा डूबा दूं।
प्यार से...।।

तुम

तुम सुरीली बांसुरी हो।

कल्पना की खिड़कियों से,
देख जिसको खिल उठे मन।
विकल करे दे जो हृदय वह-
गंध पूरित पांखुरी हो।
तुम सुरीली बांसुरी हो।।

मिलन की यादें समेटे,
गात की खुशबू लपेटे।
ताल और लय की समन्वित,
तुम अनूठी माधुरी हो।
तुम सुरीली बांसुरी हो।।

धड़कनों को जो बढ़ा दे,
नेह में सब कुछ डुबा दे।
और मन आगे न सोचे,
वह मधुर अन्ताक्षरी हो।
तुम सुरीली बांसुरी हो।।

तुम कल-कल करती निकल गईं

सरिता के जल की गहराई,
मैं अब तक जान न पाया था,
जीवन्त छुपी है तरूणाई,
मैं क्यों पहचान न पाया था?

क्या तुम पर कोई छन्द लिखूं?
कैसे कोई अनुबन्ध लिखूं।
कैसे लिख दूं कविता कोई,
कैसे मैं गीत-गोविन्द लिखूं।।

तुम स्वयं सुरीली कविता हो,
कर मेरे मन को विकल गईं।
पूछा मैंने, "कब आओगी?"
तुम कल-कल करतीं निकल गईं।।

गुंजार का क्या अर्थ है?

कली से अलि दूर, तो गुंजार का क्या अर्थ है?
ज्योति बन्धनमय, 'शलभ' के प्यार का क्या अर्थ है?

दूर इतनी दूर, तुम मजबूरियां सहती रहीं।
था मार्ग पथरीला मगर, तुम शान्त सरिता सी बहीं।
भ्रमित मांझी स्वयं तो पतवार का क्या अर्थ है?
कली से अलि दूर............?

चाहता था प्रीति का पावस कुसुम जग देख ले।
मनुहार का, अभिसार का उठता हुआ पग देख ले।
खिल न पाया फूल तो अभिसार का क्या अर्थ है?
कलि से अली दूर ....?

है मनुहार की सौगन्ध

दो न दो अपने हृदय का प्यार, यह स्वीकार मुझको,
किन्तु पाहन सी कठिन तुम वेदना गम्भीर मत दो।

गीत बनकर मैं अधर के पास आना चाहता था,
सांस बनकर मैं हृदय में प्रिय, समाना चाहता था।
दो न सरिता सी मृदुल जल-धार, है स्वीकार मुझको,
किन्तु है मनुहार की सौगन्ध, मुझको पीर मत दो।

देखता था मैं मिलन का स्वप्न क्यों सुन्दर-सलोना,
चाहता था मैं विरह में भी न तुमसे दूर होना।
दो न दो मुझको खुशी के क्षण कई, स्वीकार मुझको,
भर चुकी है अश्रु गगरी, और लोचन-नीर मत दो।

मानता हूं आज के युग में कठिन कुछ भी निभाना,
है न मुमकिन दौड़ती इस ज़िन्दगी को रोक पाना।
दो न दो मुझको प्रणय स्वच्छन्दता, स्वीकार मुझको,
किन्तु बांधे भावना भी, प्रिये वह ज़न्जीर मत दो।

शक्ति तुम्हारे पास असीमित...

(प्रयाण गीत)

अगर दूर जाना है मीलों, पहला क़दम उठाओ रे।
पथ में बाधा कई मिलेंगी, उनको परे हटाओ रे।।

ज्ञान, धर्म की बातें करते, हमने सन्त कई देखे,
उन बातों पर शोर मचाते, हमने पंथ कई देखे,
लेकिन उस पर करें आचरण, ऐसी अलख जलाओ रे।
अगर दूर जाना है मीलों, पहला क़दम उठाओ रे।।

मिथ्या ये संसार समझ के, बन जाओ मत बैरागी,
जन्म हुआ तो कुछ कर जाओ, बनो कर्म में सहभागी,
शक्ति असीमित पास तुम्हारे, दुनियां को दिखलाओ रे।
अगर दूर जाना है मीलों, पहला क़दम उठाओ रे।।

रात-रात भर जाग-जाग कर, जो करते पहरेदारी,
उनको क्या मिलता जो खाते गोली करके रखवाली?
जो जवान रक्षा में रत हैं, उनको शीश झुकाओ रे।
अगर दूर जाना है मीलों, पहला क़दम उठाओ रे।।

तमसो मा ज्योतिर्गमय

रवि प्रगति का चमचमाये, खिलखिलाये भोर,
ले चलो प्रभु, मुझे तम से उजाले की ओर।

हर लहर अंगड़ाई ले, अरविन्द सारे खिल उठें,
हो सके हर बूंद ऊष्मित, प्राण और मन मिल उठे।
गाये कोयल गीत सुर में, हो कहीं ना शोर,
ले चलो प्रभु, मुझे तम से, उजाले की ओर।।

रवि किरण का रथ सजे, और कलि कुसुम का पथ सजे,
रात्रि चढ़ डोली विदा हो, दूर शहनाई बजे।
रश्मियों के द्वार खुल जायें न होवे छोर,
ले चलो प्रभु, मुझे तम से, उजाले की ओर।।

रवि प्रगति का चमचमाये, खिलखिलाये भोर,
ले चलो प्रभु, मुझे तम से उजाले की ओर।।

प्रीत लुटाती होली हो!

होली गीत (राग-पीलू)

हल्की-हल्की चले बयरिया, कुछ मदमाती होली हो।
अबीर-गुलाल उड़े धरती पर, रंग जमाती होली हो।।
कुहुक-कुहुक कर बोले कोयलिया,
बौराई हर डाली हो,
सब मिल गायें गीत मिलन के,
प्रीत लुटाती होली हो।।

रंगों में डूबी हो ऐसी, मुखमण्डल पर लाली हो,
लख यौवन दरपन भी लजाये, कुछ शरमाती गोरी हो।।

गली-गली में घूमें कान्हा
छुपकर बैठी राधे हो-
खोज-खोज सबके रंग डारैं,
धूम मचाती टोली हो।

सर र र र र र र र... चले पिचकारी, अर र र र र र र र ठिठोली हो,
फागुन में सब देवर लागें, यह बतलाती होली हो।।

भेदभाव को भूल ही जायें,
कोई न ऊंचा-नीचा हो -
'शलभ' धनी-निर्धन सबको ही,
एक बनाती होली हो।।

रंग जम जायेगा (होली गीत)

होली के गीत हों,
मनचाहे मीत हों,
रंग जम जायेगा,
रंग जम जायेगा।

उड़ता गुलाल हो,
अम्बर भी लाल हो,
रंग जम जायेगा,
रंग जम जायेगा।

सड़कों पर घूमती मस्तों की टोली हो,
प्रीति के रंगों में सराबोर होली हो।

थोड़ी ठिठोली हो,
थोड़ी बरजोरी हो,
रंग जम जायेगा,
रंग जम जायेगा।

झूम रहे अंग हों, सारंगी चंग हो,
ढप-ढप ढपली हो, भंग और मृदंग हो।
कुछ पक्के रंग हों,
जमकर हुड़दंग हो,

रंग जम जायेगा,
रंग जम जायेगा।

कान्हा से प्रियतम हों, राधा सी गोरी हो,
शरमाती, मुस्कुराती, चांद की चकोरी हो।
मद भरे नैना हों,
मिसरी से बैना हों,
रंग जम जायेगा,
रंग जम जायेगा।

देवर हो, भाभी हो, जीजा हो, साली हो
खुशनुमा मौसम हो, ऋतु भी मतवाली हो।
थोड़ी तकरार हो,
थोड़ी मनुहार हो,
रंग जम जायेगा,
रंग जम जायेगा।

सुंदर लय-राग हो, गाता मन फाग हो,
शम्मा सा त्याग हो, 'शलभ' सा अनुराग हो।
मादक संगीत हो,
आपस में प्रीत हो,
रंग जम जायेगा,
रंग जम जायेगा।
होली के गीत हों......।।

आज रंग डालें अंग-अंग (होली गीत)

चलो रे, आज रंग डालें अंग अंग होली में,
कोई माने बुरा न, ठिठोली में।
चलो रे, आज रंग....।।

कोई तो मारे है भर पिचकारी,
रंग गई अंगिया, भीज गई सारी।
चलो रे, आज मिल जायें मस्तों की टोली में,
कोई माने बुरा न ठिठोली में।
चलो रे, आज रंग....।।

अबीर-गुलाल से भर गया अम्बर,
बाबा भी लागे हैं फागुन में देवर।
कहो रे, रंग कितने भरे हैं रंगोली में,
कोई माने बुरा न ठिठोली में।
चलो रे, आज रंग....।।

राधा भी नाचे और कान्हा भी नाचे,
चंग भी बाजे, मृदंग भी बाजे।
सुनो रे, भंग में रंग है, भंग गोली में,
कोई माने बुरा न, ठिठोली में।
चलो रे, आज रंग.....।।

होली के छन्द

(1)

कुमकुम रंग, अबीर-गुलाल से,
लाल निहाल, ये टोली रहे।
चहके जिया, महके गजरा,
सिगरे ही उमंग, ठिठोली रहे।
यह प्रीत की रीत पुनीत बने,
संगीत, सुगीत की बोली रहे।
अंखियाँ, दुखियाँ न बने कबहूं,
सद्‌भाव भरी यह होली रहे।।

(2)

नेह के रंग भरे बदरा,
बरसाने को ये रितु आई सखी।
मदमाती बयार चले सजनी,
बलि जाने को ये रितु आई सखी।
नैन कटार भये कजरा,
डलपाने को ये रितु आई सखी।
चहुं ओर अबीर-गुलाल उड़े,
रंग जाने को ये रितु आई सखी।।

हमारी हिन्दी (दो छन्द)

(1)

स्तुति गान करें, महिमा बखान करें,
रस और छन्द से संवारी हुई हिन्दी।
सरल, मनोहर, सुगम्य है, मधुर भी है,
भारत की भूमि की दुलारी हुई हिन्दी।
तुझको नमन करें, मन अर्पण करें,
और सभी भाषाओं से न्यारी हुई हिन्दी।
तुलसी के मानस की कभी चौपाई बनी,
सूर के पदों सी सुखकारी हुई हिन्दी।।

(2)

सुगम सरस है सरल सुखदायिनी जो,
शब्द, अर्थ, ज्ञान, जो महान उच्चारती।
पूरब से पश्चिम और उत्तर से दक्खिन जो,
बसी जन-जन के है मन को संवारती।
भारत की शान जो है, मान-सम्मान जो है,
जिसके प्रकाश में निवास करे भारती।
ऐसी प्यारी हिन्दी है ये, भाषाओं की बिन्दी है ये,
सब मिल इसकी हैं आरती उतारती।।

'शलभ' तेरे हम पुजारी, हिन्दी!

है सबसे प्यारी हमारी हिन्दी।
ये शारदा की दुलारी हिन्दी।।

कभी रसों में हमें डुबाती,
कहीं छन्द की छटा दिखाती,
यमक, अनुप्रास और उपमा,
अलंकरण से संवारी हिन्दी।
है सबसे....।।

'कबीर', 'मीरा' हैं देन तेरी,
'प्रसाद' और 'प्रेमचन्द', 'गुलेरी',
बनाये तूने हैं 'सूर', 'तुलसी',
'रहीम', 'भूषण', 'बिहारी', हिन्दी।
है सबसे...।।

तू पूरे भारत पे राज करती,
तू प्रेम की गंगा बनके बहती,
पिरोती जन-जन को सूत्र में तू,
प्रियम्वदा! तू सुखारी हिन्दी।
है सबसे...।।

सरस्वती की कृपा निरन्तर,
हमें है गौरव तुम्हारे बल पर,
बिखेरे आलोक तू ज्योति बन कर,
'शलभ' तेरे हम पुजारी हिन्दी।
है सबसे....।।

प्रकृति वर्णन (दो छन्द)

(1)

ढोल, नाल बाजि रहै, ताल दै-दै नाचि रहै,
चारों ओर खुशियां-ही-खुशियां अनन्त हैं।
सरसों है झूम रही, नेह रस चूम रही,
मानों पीत वसन में, घूमे कोई सन्त है।।
मन्द-मन्द पवन भी और आज गगन भी,
धरा पे उतर गयो, भूल गयो पन्थ है।
आम बौराइ गयो, समझि मां आइ गयो,
चलो गयो शरद औ' आ गयो वसन्त है।।

(2)

फूले-फले धन-धान, गावै मिल सब गान,
दु:ख क्लेश और संताप मिटे, हर्ष हो।
मिटे अंधकार, खुशियों के खुले द्वार,
चहुं ओर हो बहार-ही-बहार, उत्कर्ष हो।
उन्नति का रवि चढ़े, आपका सुयश बढ़े,
मन्द मुस्कान से विलोकता सुहर्ष हो।
'शलभ' करे विचार, कृपा करे करतार,
अंग में तरंग और उमंग भरा वर्ष हो।।

खुलने दो नव्य क्षितिज अगणित

(विकास गीत)

विद्युत जन-जन का स्पन्दन,
खुलने दो नव्य क्षितिज अगणित।
शिल्पी का अर्चन अभिनन्दन,
विद्युत जन-जन का स्पन्दन।।

निर्माण शक्ति के स्वर उमड़ें,
पग-पग विकास की ओर बढ़े।
उत्साहित धारा की कल-कल,
कल-से-कल में संचरण करे।।

थिरके मन छनन-छनन, छन-छन।
विद्युत जन-जन का स्पन्दन।।

सूरज ने किरणें फैलाईं,
गतिमान पवन ऊर्जा लाई।
मन-बिम्बों का प्रतिबिम्ब बने,
जब चले बयरिया पुरवाई।।

तब चन्दन सा महके जीवन।
विद्युत जन-जन का स्पन्दन।।

विद्युत नहीं व्यर्थ गंवाना है,
जितनी हो सके, बचाना है।
अपना आलोकित दीप करें,
औरों के दिये जलाना है।।

करके विद्युत का संरक्षण।
विद्युत जन-जन का स्पन्दन।।

नव वर्ष गीत (समूह गान)

नये साल का है तराना,
है मौसम सुहाना-सुहाना,
चलो आज गायें, और खुशियां मनायें,
है मस्ती में डूबा ज़माना,
नये साल का है तराना...।।

ये मौसम कितना हसीन है,
ये रात कितनी जवान है,
खुशी से झूम उठ्ठा अब,
ये मानो आसमान है।
ये मौसम कितना हसीन है....
नये साल का है तराना...।।

चलो हम बांट लें मिलकर खुशी,
चलो अब भूल जायें दुश्मनी,
नसीहत दोस्ती की यूँ मिले,
रूपहले रंग लाये ज़िन्दगी।
चलो हम बांट ले मिलकर खुशी...
नये साल का है तराना...।।

जला लो आज दीपक प्यार का,
मिलन का, प्रीत का, मनुहार का,
नया उत्साह जगमग जग उठे,
मिटा दो, अंधेरा संसार का।
जला लो आज दीपक प्यार का...
नये साल का है तराना....।।

नव वर्ष गीत (समूह गान)

करते हैं स्वागत, आगत हम इस आंगन में,
चहुं ओर हर्ष, उत्कर्ष लगे इस प्रांगण में,

हर एक दिशा लो गीत खुशी के गाती है,
और नये वर्ष का शुभ संदेश सुनाती है।
इस पर जब आप पधारे हैं तो क्या कहना -
हर ओर फूल-ही-फूल खिले हैं मधुबन में।
करते हैं स्वागत...

है नई-नई सी आज सुबह है शाम नई,
नव-उषा किरण बिखराती कह ये बात गई।
इतना सुन्दर बन जायें जितना स्वयं सृजन,
यह बात आज बस गई हमारे तन-मन में।
करते हैं स्वागत...

हंस रही नयन में आज जुही की एक कली,
हंसती-गाती लो रात रूप की आये चली।
ज्योतिर्मय आज सकल देखो परिवेश हुआ,
हैं भाव भरे इन प्राणों के स्पन्दन में।।
करते हैं स्वागत...........

नव वर्ष गीत

(लखनऊ दूरदर्शन से नव वर्ष संध्या प्रसारित समूह गान)

नया साल देखो आ गया।
देखो आया, आया, आया, देखो आ गया।
नया साल देखो आ गया।

नई-नई अब बातें कर लो, छोड़ो बात पुरानी,
हंस लो, गा लो, मौज मना लो, दुनिया आनी-फ़ानी।
नया साल......

घिरा निशा का घोर अंधेरा, आओ दिये जलायें,
नये वर्ष के नये हर्ष में सब मिलकर हरषायें।
नया साल......

चारों ओर खुशी का आलम, मन में मस्ती छाई,
नये साल की लोगों ले लो हमसे आज बधाई।
नया साल......

मैं बंगाली, ये पंजाबी, वो सिन्धी, गुजराती,
ऐसी बात न कोई लोगों, हमें समझ में आती।
तोड़ो सूबों की सीमाएं - सब हैं भारतवासी,
नये साल की नई ताज़गी, छोड़ों बातें बासी।
नया साल......

स्वागत कर लो नये साल का, खोलो नई दिशाएं,
नये तराने, नये फ़साने, नया उजाला लाये।
नया साल....।

ग़ज़ल

आयाम कई हैं.....

हरसू[1] अदब के देखिये, आयाम कई हैं,
गुलशन में ग़ौर कीजिए, गुलफ़ाम[2] कई हैं।

तारीफ़ है, तारीकि-ए-शब[3] में हंसा करें,
रोकर गुज़ारने को सुब्हो-शाम कई हैं।

कब तक लड़े निविश्त-ए-तक़दीर[4] से अपनी,
जाने भी दीजिए, हमें तो काम कई हैं।

रखेगा वो जिस हाल में मन्ज़ूर है हमें,
सब्र-ए-जहां के दोस्त, इंतज़ाम कई हैं।

सोचा था कि ज़िन्दगी को जियेंगे सुकून से,
उस शोख़ हसीना के ताम-झाम कई हैं।

है मुस्तक़िल[5] इक़्बाले-जुर्म की सज़ा 'शलभ',
इन्कारे-जुर्म के अजी, अन्जाम कई हैं।

मालिक है सबका एक ही, कुछ भी उसे कहो,
वाहे गुरु, भगवान, ख़ुदा नाम कई हैं।

1. चारों ओर 2. फूल जैसे सुगंध वाले 3. रात का अंधेरा 4. भाग्य की रेखा 5. स्थायी।

आपको मिल पायेगा हम सा नहीं

आप ने मुझको अभी समझा नहीं,
इसलिए मेरा किया चर्चा नहीं।

हमने बांटा प्यार बस चारों तरफ़,
दिल पे है ज़बरन किया कब्ज़ा नहीं।

है ये दीगर आप खुश ना हो सके,
अपनी जानिब तो किया क्या-क्या नहीं।

उठ रहा था जब जनाजा इश्क़ का,
आपने देखा, किया सजदा नहीं।

पहले जैसे हम तो हैं अब भी 'शलभ',
पहले जैसी पर रही शम्मा नहीं।

है ये दावा ढूंढने जाओगे जब,
आपको मिल पायेगा हम सा नहीं।

('कारवां' कार्यक्रम के अन्तर्गत मार्च 2010 में प्रसिद्ध ग़ज़ल गायक उस्ताद गुलशन भारती द्वारा प्रस्तुत)

फ़लसफ़ा रह जायेगा...

बाद मेरी मौत के मेरा पता रह जायेगा।
और मेरी शायरी का फ़लसफ़ा रह जायेगा।।

यूं तो ख़ुशबू भी रहेगी और रहेगा गुलिस्तां...
बिन हमारे गुल-गुलिस्तां, ख़ार सा रह जायेगा।।

याद तब आयेगी जब हम ही न होंगे जश्न में,
और वो मंज़र तुम्हें कुछ, सालता रह जायेगा।।

एक दीपक ने मिटा दी, तीरगी, तारीकियां,
तेज़ जितनी हो हवाएं, यह दिया रह जाएगा।।

अब सहारा सिर्फ़ माज़ी का बचा हमको शलभ,
नाम मेरा भूलकर भी याद सा रह जाएगा।।

जब नहीं अश्‌आर काबिल हो बयां-जज़्बात के,
मौन होकर इश्क़ का बस सिलसिला रह जायेगा।।

खुशी के पल न मय्यसर हुए राशन की तरह

अजीब दोस्त हैं, मिलते हैं तो दुश्मन की तरह,
एक हम हैं, जो रहे आज भी, बचपन की तरह।

करें गिला[1] भी अगर आप से तो क्यों कर के,
आप तो आये थे खुशियां लिये, सावन की तरह।

खड़े हैं कब से ही थैला लिये क़तारों में,
खुशी के पल न मय्यसर[2] हुए, राशन की तरह।

शहर की बालकनी में बड़ी घुटन क्यों है,
कोई बताओ जगह गांव के, आंगन की तरह।

उदास मन में भरें जोश भी, तो कैसे 'शलभ'?
कट के डिब्बों से खड़े आज हैं, इंजन की तरह।

1. शिकायत, 2. प्राप्त, उपलब्ध।

पास आते हैं 'शलभ' ख़ुद को जलाने के लिए...

ढल गई शाम तो जलने लगे यादों के दिये,
लाऊं अब कौन सा दिल तुझको भुलाने के लिए।।
ढल गई.....

ये तेरी बेरुख़ी लगता मेरी रूसवाई है,
मैंने दिल तुझसे लगाने की क़सम खाई है।

दिल तड़पता है तेरे प्यार को पाने के लिए।।
ढल गई....

ये इबादत की जगह है, यही है मयख़ाना,
तेरी इन शरबती आंखों ने किया दीवाना।

इक नज़र देख इधर प्यास बुझाने के लिए।।
ढल गई....

क्या बताऊं तुझे परवाने की क़िस्मत क्या है,
वो तो हर हाल में शमा-शमा ही रटता है,

पास आते हैं 'शलभ' ख़ुद को जलाने के लिए।।
ढल गई....

बदलियाँ कर रहीं साज़िशें

हम मिले जब कभी आप से,
प्यार के हो गये हादसे।

आप से दूर जितना गये,
और बढ़ने लगी चाहतें।

हिज्र[1] की शब न काटे कटी,
वक़्त लड़ता रहा रात से।

चांद देखें तो हम किस तरह,
बदलियां कर रहीं साज़िशें[2]।

इक तबस्सुम[3] जो उनका मिला,
गीत की बन गई बन्दिशें।

चैन आया क़रार आ गया,
पास आ के मिली राहतें।

बन शमा आप दें रोशनीं,
हैं 'शलभ' की यही ख़्वाहिशें।

1. विरह 2. षडयन्त्र 3. मुस्कान।

('कारवां' कार्यक्रम के अन्तर्गत मार्च 2010 में प्रसिद्ध ग़ज़ल गायक उस्ताद गुलशन भारती एवं कु. मीना वर्मा के युगल स्वरों में प्रस्तुत– स्थान पर्यटन भवन, प्रेक्षागृह, लखनऊ)

दर्द से बजती बांसुरी देखी

कभी ग़म तो कभी खुशी देखी,
हर तरह की है ज़िन्दगी देखी।

सात सुर से सजी महफिल देखी,
दर्द से बजती बांसुरी देखी।

हमने देखा है भूख का मन्ज़र,
पीने वालों की मैकशी देखी।

दाद से जब कभी महरूम हुई,
तब सिसकती सी शायरी देखी।

'शलभ' जो जल गया शमा के लिए,
जुनूने-इश्क़ की नदी देखी।

'शलभ' दुख में कोई, अपना नहीं है

फ़ल्सफ़ा आपने समझा नहीं है,
जो दिखता है, वही सच्चा नहीं है।।

उसे खाने दो थोड़ी ठोकरें भी,
ज़िन्दगी दुधमुंहा बच्चा नहीं है।।

न सुनना है किसी की, बोलना बस,
तरीक़ा ये कोई अच्छा नहीं है।।

है सूखा जा रहा दिल का ये दरिया,
हमें सावन भी अब भाता नहीं है।।

वही सूरज है, लेकिन डूबता जब,
कोई उसको नमन करता नहीं है।।

जो रब को दे चुनौती इस जहां में,
हुआ अब तक कोई पैदा नहीं है।।

हज़ारों दोस्त हैं, सुख में हमारे
'शलभ' दुख में कोई अपना नहीं है।।

सभी उलझे हुए हिसाबों में

ख़ार-ही-ख़ार[1] है गुलाबों में,
प्यार मिलता है बस किताबों में।

ज़िन्दगी के सवाल टेढ़े हैं,
मुतमइन[2] कैसे हों जवाबों में।

तपिश भी ढूंढ रही है छुपकर,
वजूद अपना आफ़ताबों[3] में।

कहां है वक़्त शायरी के लिए,
सभी उलझे हुए हिसाबों में।

सुकून[4] है कहां, अगर है भी,
सिर्फ़ मिलता है आज ख़्वाबों[5] में।

चांदनी बैरियों[6] सी लगती हैं,
नहीं ठंडक है माहताबों[7] में।

चन्द अश्आर[8] पिरोये थे 'शलभ'
दब गये भूख़ के दबावों[9] में।

1. कांटे 2. आश्वस्त 3. सूरज 4. शांति 5. स्वप्न 6. शत्रु
7. चांद 8. पंक्तियां 9. दबाव, प्रेशर।

तू बौने का बौना है

इस दुनिया में उसके[1] हाथों, तू बस एक खिलौना है,
ये परवत, आकाश, समन्दर, उसका जादू-टोना है।

सन-सन चलती पुरवाई से बढ़कर पंखे क्या होंगे,
चादर आसमान है नीला, धरती एक बिछौना है।

चाहे जितना बढ़ता जा तू, लम्बाई-चौड़ाई में,
लेकिन 'उसके'[2] आगे जाकर, तू बौने-का-बौना है।

ऊपर-ऊपर, लीप-पोत कर, यूं तो करी सफ़ाई है,
पर अन्दर तक जाकर देखा, घर[3] तो बड़ा घिनौना है।

क्यों गुरूर में डूब गया भरपूर इल्म[4] पा लेने के,
'शलभ' नाप कर जब भी देखा, बस अद्धा या पौना है।

1. ईश्वर का 2. ईश्वर 3. हृदय रूपी घर 4. ज्ञान।

('कारवां' कार्यक्रम के अन्तर्गत मार्च 2010 में उस्ताद गुलशन भारती द्वारा प्रस्तुत)

हम अंधरों से ही समझौता किये,

किस क़दर हम कू-बू-कू भटका किये,
हर जगह बस आपको ढूंढा किये।।

हमको तो धोखे मिले दुनियां से लेकिन,
आप अपने आप से धोखा किये।।

चांदनी भी बैरियों सी लग रही,
रात भर बेचैन हो, जागा किये।।

अब चमन ख़ामोश है, चुप बाग़वां,
बेवफ़ा निकले जो थे वादा किये।।

जब नहीं दिखलाई दी, कुछ रोशनी,
हम अंधेरों से ही समझौता किये।।

दास्तां अपनी सुनाएं क्यों 'शलभ',
दर्द जब अश्आर से झलका किये।।

इन्सान है, इन्सान को इन्सां बना के देख

लम्बे सफ़र में कोई तो साथी बना के देख,
मौसम है खुशगवार कोई गीत गा के देख।

बाती ये टिमटिमा रही, बुझ जाये ना कहीं,
इसके दिये में तेल तो थोड़ा बढ़ा के देख।

अपने 'अहम्' में हर बशर[1] मुंह मोड़कर खड़ा,
कर एक बार सामना, नज़रें मिला के देख।

आयाम ज़िन्दगी में छुपे हैं कई 'शलभ'
तू ज़िन्दगी को ग़ौर से, पर्दा उठा के देख।

'मालिक' ने तुझे इसलिए इन्सान[3] बनाया,
इन्सान है, इन्सान[4] को इन्सां[5] बना के देख।

इस झुनझुने[6] में जान है कब से पड़ी हुई,
बजता है खूब ज़ोर से, इसको बजा के देख।

तू तो पलट रहा है उसे मान कर पन्ना,
मानव तो एक ग्रन्थ है, चश्मा लगा के देख।

1. व्यक्ति 2. दिशाएं 3. अच्छा आदमी 4. आम आदमी 5. नेक आदमी 6. मनुष्य रूपी खिलौना।

तुम हो यहीं

सर्द झोंकों ने हवा के ये कहा, तुम हो यहीं,
फूल-सी ख़ुशबू बही, तो यूं लगा तुम हो यहीं।

रात तो यूं ही बिता दी, कर सितारों का शुमार[1],
ज़ेहन[2] में चलता राह इक फ़लसफ़ा, तुम हो यहीं।

बर्क़[3]-सी लहरा गई, आलम निराला हो गया,
जब पपीहा रट लगाता ही रहा, तुम हो यहीं।

मन-तो-मन है, पहले भटका, लौट आया फिर यहाँ,
और बोला आ के अब जाऊं कहां, तुम हो यहीं।

अब नहीं जायेंगे या रब छोड़कर अपना चमन,
कह रहे गुल[4] और कहता बाग़वां[5], तुम हो यहीं।

देखकर कुछ रोशनी खुद पास आये हम 'शलभ',
हो गया पक्का यक़ीं[6], बज़्मे-शमां[7], तुम हो यहीं।

1. गणना 2. मस्तिष्क 3. बिजली 4. फूल 5. माली 6. विश्वास 7. महफिल की शमा।
('कारवां' कार्यक्रम के अन्तर्गत मार्च 2010 में कु. मीना वर्मा, ग़ज़ल गायिका द्वारा प्रस्तुत)

बारिश घनी होगी...

उजालों को अंधरों की ये साज़िश रोकनी होगी,
उठा तूफान थम जाये, वो ताक़त झोंकनी होगी।।

दिये लाख़ों हजारों हैं, उन्हें क्या डर हवाओं का,
महज़ तूफां से लड़ जायें, वो निस्बत सोचनी होगी।।

अभी तो आग है दरिया में, शोले हैं समन्दर में,
निज़ामे-सल्तनत को तो ये दरिया सोखनी होगी।।

अचानक आ गई दीवार पर हैं चीटियां कितनी-
इशारा है 'शलभ' इस बात का, बारिश घनी होगी।।

ऐसे भी कुछ मुक़ाम आते हैं

ऐसे भी कुछ मुक़ाम आते हैं।
ज़िन्दगी क्या, न समझ पाते हैं।

कोई कहता है खेल है जीवन,
जीतते और हार जाते हैं।

कोई बतलाता ज़िन्दगी को जुआ,
दांव पर ज़िन्दगी लगाते हैं।

ज़िन्दगी जाम का प्याला है पियो,
मेरे साक़ी मुझे समझाते हैं।

मानता प्रश्न है जीवन को कोई,
ज़िन्दगी भर इसे सुलझाते हैं।

कोई कहता है ज़िन्दगी को सफ़र[1],
लोग चलते है, ठहर जाते हैं।

कुछ बताते हैं समन्दर[2] जीवन,
जिसकी कोई न थाह पाते हैं।

ज़िन्दगी चार दिन का मेला है,
फ़क़ीर-सन्त ये ही गाते हैं।

1. यात्रा 2. समुद्र

(प्रसिद्ध ग़ज़ल गायक श्री मदन गोपाल द्वारा अनेक मंचों पर प्रस्तुत)

ज़िन्दगी नाम है मशक़्क़त[1] का,
इसे जो करते हैं, फल खाते हैं।

ज़िन्दगी बुलबुला है पानी का,
इतना नाज़ुक[2] इसे गिनाते हैं।

ज़िन्दगी सीप में पड़ा मोती,
क़द्रदाँ[3] बात ये दोहराते हैं।

ज़िन्दगी को पहाड़ कहते हैं,
कभी न प्यार वो जताते हैं।

कोई मस्ती इसे समझते हैं,
ग़म का अहसास कर न पाते हैं।

ज़िन्दगी इक चमन है, फूल कई,
बाग़वां[4] पौध ख़ुद लगाते हैं।

जो भी है, ये ख़ुदा की नेमत[5] है,
हम तो सबको यही बतलाते हैं।

1. संघर्ष 2. कोमल 3. क़द्र करने वाला 4. माली
5. देन (आशीर्वाद)

काम करना ही इबादत है

चिराग़ हिम्मत-ओ-मेहनत का जलाया तुमने,
काम करना ही इबादत है, बताया तुमने।

नहीं है चीज़ ज़माने में कोई नामुमकिन,
जो लिया ठान, उसे करके दिखाया तुमने।

बनके माली सदा ही सींचा किये तुम उपवन,
ख़ूब बग़िया को महक से था सजाया तुमने।

फूल निकलेंगे कभी तो न कभी शाख़ों पर,
एक पौधा बड़े शिद्दत से लगाया तुमने।

शाख़ पर हर एक चमगादड़ टंगे हैं

अब अदब[1] की बात बेमानी लगे है,
शाख़ पर हर एक, चमगादड़ टंगे हैं।

अब नहीं तहज़ीब, पर्दा या बड़प्पन
ख़त्म होते जा रहे वो सिलसिले हैं।

जाने कैसी मंज़िलों पर जा रहे हैं,
जाने कैसे मोड़ पर हम आ गये हैं।

पास रहते थे कभी उनके दिलों में,
आज उनसे किसलिए ये फ़ासले हैं।।

तीरगी[2] इस क़दर बढ़ती जा रही है,
सुबह होगी या नहीं, ये वसवसे[3] हैं।

इस क़दर मत तोड़िये ये फूल साहिब,
आज ही तो फूल बग़िया में खिले हैं।

ठीक से अब नींद भी आती नहीं है,
भाग[4] में अपने लिखे बस रतजगे[5] हैं।

ज़ीस्त[6] की ये तो 'शलभ' महफ़िल नहीं है,
पास आते मौत के ये काफ़िले हैं।

1. संस्कृति 2. अंधेरा 3. आशंकाएं 4. भाग्य, तक़दीर 5. रात्रि की अनिद्रा 6. जीवन।

ज़रूरी ये है, हो लफ़्ज़ों में असर

बहर[1] बड़ी हो या छोटी हो बहर,
ज़रूरी ये है, हो लफ़्ज़ों[2] में असर।

अगरचे[3] आंख ही सब कुछ कह दे,
ज़ुबान चुप ही रहे, तो बेहतर।

दिलों के मामले दिल में निपटें,
दिमाग़ क्यों चले, बेवजह उधर।

लुका-छिपी हो महरो-माह[4] की तो,
न इससे बेख़बर हो कोई सहर[5]।

गुलो-गुचा[6], शफ़क[7] की रानाई[8],
कहीं बरपा[9] न दे या रब[10] ये क़हर।

जो है करना तो हद[11] को क्या देखें,
डूब जायें, न छोड़ें कोई कसर।

मौत आती तो 'शलभ' देते सदा,
ज़िन्दगी और ठहर, और ठहर।

1. बन्दिश, छन्द 2. शब्दों 3. यदि, अगर 4. सूरज व चन्द्रमा। 5. सुबह, प्रातः 6. फूल 7. लालिमा 8. सुन्दरता 9. ढहा देना 10. हे ईश्वर 11. सीमाएं।

हमको उलटी धार में बहना पड़ा

हर तरह का हादसा सहना पड़ा,
सी लिए पर होंठ, चुप रहना पड़ा।।

पार हद ज़ुल्मों-सितम की हो गई,
आंख को ही हाले-दिल कहना पड़ा।।

लोग सीधी धार में थे बह रहे,
हमको उलटी धार में बहना पड़ा।।

दर्द का क़द देखकर बढ़ता हुआ,
आरज़ुओं को 'शलभ' घटना पड़ा।।

ये नदी है दोस्तों सूखी हुई

ज़िन्दगी है आज क्यों सहमी हुई,
मोड़ पर ठिठकी हुई, ठहरी हुई।

दास्ताने-ग़म[1] सुनाकर क्या करें,
आज हर दीवार है बहरी हुई।

कल तलक तो ये शहर आबाद था,
आज ये बस्ती लगे उजड़ी हुई।

दर्द बढ़कर और क़द्दावर[2] हुआ,
आरज़ू घटकर मेरी बौनी हुई।

ज़िन्दगी के पास जितने भी गये,
नाज़नीं से और भी दूरी हुई।

ढांप रखती महर[3] को जो बदलियाँ,
आज वो बदली लगे, बदली हुई।

दर्द का ये दौर और वो मैकशी[4]?
बात मत करिये यहां, गुज़री हुई।

लाख कोशिश की मगर छिप न सकी,
आंसुओं से आंख वो भीगी हुई।

इस नदी में नाव चल सकती नहीं,
ये नदी है दोस्तों, सूखी हुई।

1. दर्द का हाल 2. ऊंचा क़द 3. सूरज 4. मदिरा पीने की आदत।

सिर्फ़ पन्ने ही पटलकर रह गये हैं लोग

हाँ, स्वयं में ही सिमटकर रह गये हैं लोग,
ताश की मानिन्द बंटकर रह गये हैं लोग।

ज़िन्दगी तो जा चुकी है, दोस्तों कोसों दूर,
सिर्फ़ साये से लिपटकर रह गये हैं लोग।

कारवां बनकर चले थे, कल सभी के साथ,
कारवां से आज कटकर रह गये हैं लोग।

आदमी तो है स्वयं में एक पूरा ग्रन्थ,
सिर्फ़ पन्ने ही पलटकर रह गये हैं लोग।

दर्द देते हो तो दवा भी दो

दर्द देते हो तो दवा भी दो,
जुनूने-इश्क़[1] को हवा भी दो।

कौन किसके लिए कितना तड़पा,
आज तो इसका फ़ैसला भी दो।

सिर्फ़ ख़ामोश मुहब्बत न करो,
अब ज़माने को सच बता भी दो।

कई रातें हैं हिज्र[2] में गुज़रीं,
अब शबे-वस्ल[3] का मज़ा भी दो।

'शलभ' इतने क़रीब आया है,
अगर शमां हो तो, जला भी दो।

ख़्याल[4] ही नहीं ग़ज़ल के लिए,
एक अच्छा-सा क़ाफ़िया[5] भी दो।

तू चारागर[6] है, पर मकां है कहां,
मरीज़े-इश्क़[7] को पता भी दो।

सुकूं[8] अल्फ़ाज़[9] से क्या आये 'शलभ'
किसी मुफ़लिस[10] को आसरा भी दो।

1. प्रेम का पागलपन 2. वियोग 3. मिलन की रात 4. विचार 5. ग़ज़ल के शेरों के अन्त में आने वाला शब्द 6. उपचारक, वैद्य 7. प्रेम-रोगी 8. शान्ति 9. शब्दों से 10. ग़रीब।

(प्रसिद्ध ग़ज़ल गायक श्री केवल कुमार एवं श्रीमती पदमा गिडवानी द्वारा अनेक मंचों पर युगल स्वरों में प्रस्तुत)

मेरा ख़ाली पियाला है....

नहीं है प्रेरणा के स्वर, नहीं कोई उजाला है,
अंधेरा दूर तक फैला, नहीं दिखता किनारा है।

कभी हूं सोचता क्या सुब्ह के होंगे चिराग़ां भी?
अभी तो रात के सायों ने अपना सर निकाला है।

धुआं है, धुन्ध है, तन्हाइयां हैं, बेक़रारी है,
फ़क़त नाकामयाबी है, जिधर भी हाथ डाला है।

यही गर ज़िन्दगी है तो ठहर जाये, नहीं कुछ ग़म,
ये कैसा जाम है साक़ी, मेरा ख़ाली पियाला है।।

आइये चिन्तन करें

आइये कुछ देर भ्रष्टाचार पर चिन्तन करें।
आम जनता पर तो है बेकार, पर चिन्तन करें।।

भर गये हैं पेट, अब अच्छा लगेगा सोचना।
आओ, भूखे नंगे, इस संसार पर चिन्तन करें!

मिल मिलाकर जो किया जाता, न भ्रष्टाचार है।
शुष्क होती संस्कृति के सार पर चिन्तन करें।।

पांव अंगद-सा जमाया, उठाये, उठता नहीं।
आओ भ्रष्टाचार के आकार पर चिन्तन करें।।

भूल जायेंगे वो जनता को 'अंगूठी' की तरह।
आओ इस 'दुष्यन्त' सी सरकार पर चिन्तन करें।।

सबसे आसान मुहब्बत की डगर लगती है

ज़िन्दगी वैसे फ़क़त[1] शामो-सहर[2] लगती है,
मौत जब आती है, तब इसकी[3] क़दर लगती है।

इसे पाने के लिए यूं तो कई रस्ते हैं,
सबसे आसान मुहब्बत की डगर लगती है।

ज़िन्दगी को जनम दिया है, उसी मालिक ने,
कहीं बेटी को भी बाबुल की नज़र लगती है?

हर एक बीतते पल में कटी-सी जाती है,
ज़िन्दगी वक़्त का नायाब[4] गजर[5] लगती है।

ज़िन्दगी शुक्रिया! हमको बड़ी अच्छी तू लगी,
नहीं अफ़सोस, बुरी तुमको अगर लगती है।

नहीं है ज़िन्दगी खुशहाल, कहके बैठ गये,
हमें लोगों की ये दलील लचर लगती है।

जलाये ज़िन्दगी को इश्क़ में दीवाना 'शलभ'
बड़ी ज़िद्दी ये लगन, उसकी मगर लगती है।

1. मात्र 2. सन्ध्याकाल व प्रातःकाल 3. ज़िन्दगी की 4. बेशक़ीमती, बहुमूल्य 5. घड़ी, घंटाघर।

फिर भी दिल प्यासे का प्यासा

आंख में दरिया, लगे उदासा,
लगा मुझे कुछ वह अपना सा।

अच्छा, बुरा नहीं मैं जानूं,
तन से तो लगता गोरा सा।

रात-रात भर जाग-जाग कर,
कहीं छुप गया वो चन्दा सा।

सच्चाई के आगे देखो,
लगता हर कोई बौना सा।

'शलभ' आग में जलकर देखा,
फिर भी दिल प्यासे-का-प्यासा।।

दिले-गिरिफ़्ता, शादमां है नहीं

दिले-गिरिफ़्ता[1], शादमां[2] है नहीं
धुएं की शक्ल, पर धुआं है नहीं।

वो खल्वतों[3] में, चुप-सा रहता है,
किसी को देता, बद्दुआ है नहीं।

करी थीं कोशिशें हंसाने की,
बहुत दिनों से पर हंसा है नहीं।

सुकून[4] किस तरह से आये उसे,
हाल मेरा अभी बदला है नहीं।

दे दिये ज़ख़्म हैं इतने उसको
एक भी ज़ख़्म तो सूखा है नहीं।।

1. दु:खी मन 2. प्रसन्नचित्त 3. एकांत 4. शान्ति।

हम फिर से बचपने में लौट क्यों नहीं जाते

दिन बीतते जाते हैं और बीतती रातें,
हम फिर से बचपने में लौट क्यों नहीं जाते?

चिड़िया को उड़ाने का वो मासूम-सा मंज़र,
नादान वो पल लौट के फिर क्यों नहीं आते?

बढ़ती गई उमर तो अहम् भी लगा बढ़ा,
हम इसके दायरे से निकल क्यों नहीं पाते?

पीपल की मस्त छांव और गांव के क़िस्से,
उन पल को बताते हुए अब तक न अघाते।

हर पल तलाश ही रही बचपन हमें तेरी,
मिल जाये एक बार तो कितनी करूं बातें।

ख़ाक होता रहा बस धुआं रह गया

ज़िन्दगी में मेरी और क्या रह गया,
बस तेरे प्यार का आसरा रह गया।

इक हसीं शाम मैंने गुज़ारी तो क्या-
वो चले बज़्म[1] से, मैं जुदा रह गया।

उसके माथे की लट वो असर कर गई,
मैं जहां था, वहीं पर खड़ा रह गया।

दर्द ऐसा दिया, आपने रात भर,
नींद आई नहीं, जागता रह गया।

मैं शमा पर जला इक 'शलभ' की तरह,
ख़ाक होता रहा, बस धुआं रह गया।।

1. सभा, महफ़िल।

आज सब कुछ है, मगर गाता नहीं

देखकर के चुप रहा जाता नहीं।
कोई मंज़र दिल को बहलाता नहीं।

बढ़ रही हैं रात की तारीकियाँ,
भोर का सूरज नज़र आता नहीं।।

पहले डर जाता था बदनामी से वो,
अब वो बदनामी से घबराता नहीं।

गुनगुनाता था फ़क़ीरी में भी दिल,
आज सब कुछ है, मगर गाता नहीं।

ढूंढता हूं सच को लेकर के चिराग़,
धुन्ध में पर 'शलभ', दिख पाता नहीं।।

किसके लिए फिर कलह मचाते हैं?

जब भी हम जन्मदिन मनाते हैं।
मौत के और पास आते हैं।

ज़िन्दगी चार दिन बिताकर के,
मौत को सब गले लगाते हैं।

जन्म और मौत में है फ़र्क़ यही,
इसको पाते, उसे अपनाते हैं।

बीच इन दोनों के जो है जीवन,
मुख़्तसर ढंग से बिताते हैं।

कोई इसको बिताये खुश होकर,
और आंसू कई बहाते हैं।

ख़ाक हो जाना एक दिन है 'शलभ'
किसलिए फिर कलह मचाते हैं?

प्यार के रिश्ते हुए हैं ठूंठ जैसे

ज़िन्दगी के सच से बोलें झूठ कैसे?
प्यार के रिश्ते हुए हैं ठूंठ जैसे।

रोज़ राशन की क़तारों में खड़े हो-
पी रहे हैं हम ज़हर का घूंट जैसे।

लग रहा ऐसा शराफ़त की दुकां[1] से,
माल डाकू ले गये हों लूट जैसे।

चार दिन को चांदनी क्या आ गई थी,
हर कोई उस पर पड़ा था टूट जैसे।

झूठ-सच के बीच हम ऐसे पड़े हैं,
हो हवा के बीच पैराशूट जैसे।

रक़ीबों[2] का जश्न ऐसे मन रहा है,
पड़ रफ़ीक़ों[3] में गई हो फूट जैसे।

नफ़रतों के इस क़दर माहौल[4] में भी,
शमा देती 'शलभ' को हो छूट जैसे।

1. दुकान 2. शत्रुओं, दुश्मनों 3. दोस्तों 4. वातावरण।

तू भी ख़ुदा-सा बनके देख

इस ख़ुदा-सी दुनिया में, तू भी ख़ुदा-सा बनके देख,
प्यार से लबरेज़[1] गो तू, फिर भी प्यासा बनके देख।

आइने को कोसने से होगा बेहतर यूं कि तू
शक्ल खुद अपनी बदल ले, आईना-सा बनके देख।

दूर होता जा रहा है क्यों तू अपने आपसे,
पास आ अपने ज़रा-सा आशना-सा[2] बनके देख।

कुर्ब[3] की यकसानियत[4] से तू न घबराये कभी,
सच समझने के लिए, जा तू उदासा[5] बनके देख।

है ये दुनिया इक तमाशा, देखने वाले हैं हम,
पर ज़रूरी है नहीं, इसको तमाशा बनके देख।

1. लबालब भरा हुआ 2. परिचित-सा 3. निकटता (भीड़भाड़) 4. अधिकता/बराबरी 5. अकेला।

पीठ पीछे तो मानता है कोई

सवाल कुछ उछालता है कोई,
मुझको थोड़ा ही जानता है कोई।

चार दिन से हुआ महसूस मुझे,
दिल के जज़्बात भांपता है कोई।

मेरे माज़ी को ले-के ज़ेहन में,
उसको सचमुच मुग़ालता है कोई।

रात भर नींद आ न पाती है,
ख़्वाब में भी पुकारता है कोई।।

छोड़ दूं कैसे सोचना उसको,
रात-दिन मुझको सालता है कोई।

सामने कुछ न बोल पाए 'शलभ'
पीठ पीछे तो मानता है कोई।।

ग़ज़ल हो जाती है

अदब[1] और मौसीक़ी[2] गर मिल जायें, ग़ज़ल हो जाती है,
मीत मिले, दिल फूलों-सा खिल जाये, ग़ज़ल हो जाती है।

नज़रों से नज़रें मिलते ही, दिल में कुछ-कुछ होता है,
अनजाने ही कोई मन को भाये, ग़ज़ल हो जाती है।

खोया-खोया सा रहता है इश्क़, गुमा[3] है माज़ी[4] का,
हुस्न कहीं से आकर जो टकराये, ग़ज़ल हो जाती है।

जग सोता, वो जगता रहता, नींद नहीं क्योंकर आती,
रात देखते तारों को कट जाये, ग़ज़ल हो जाती है।

नहीं ज़रूरी सिर्फ़, विसाले-शब[5] से बनती कोई ग़ज़ल,
'शलभ' शमा पर अपनी जान लुटाये ग़ज़ल हो जाती है।।

1. साहित्य 2. संगीत 4. अतीत 5. मिलन की रात।

(प्रसिद्ध ग़ज़ल गायक श्री केवल कुमार एवं श्रीमती पद्मा गिडवानी द्वारा अनेक मंचों पर युगल स्वरों में प्रस्तुत)

इक न इक दिन लगना सबको झटका है

इतराते हो जिस शरीर पर, किसका है?
काम उसी के आने दो, यह जिसका है।

बर्थ छोड़कर गाड़ी से सब जायें चले,
बर्थ साथ में जायें, भरम यह सब का है।

क्या तुमने पापड़ बेले थे, जो पाया,
क्यों इस पर हक़ जतलाने का चस्का है?

कितने दिन इसको सहेज कर रख लोगे?
इक-न-इक दिन लगना सबको झटका है।

बाज़ीगर वो बड़ा अनूठा

पत्ता-पत्ता, बूटा-बूटा,
लगता है सब झूठा-झूठा।

बोला झूठ, न काटा कौवा,
जो सच बोला पीछे छूटा।

ज़र[1] वालों ने इज़्ज़त पाई,
गुण वालों[2] को मिला अंगूठा।

बिन माली के चमन-अमन[3] को,
जिसने चाहा, उसने लूटा।

मेहनत में तो कमी न की थी,
भाग[4] 'शलभ' का अकसर रूठा।

एक आस उसकी[5] है बाक़ी,
बाज़ीगर[6] वो[7] बड़ा अनूठा।

1. धन 2. प्रतिभा सम्पन्न 3. शान्ति 4. भाग्य 5. ईश्वर की 6. नियन्त्रक 7. ईश्वर।

(ग़ज़ल गायक श्री मदन गोपाल द्वारा अनेक मंचों पर प्रस्तुत)

रतजगे को बहानें मिले

रतजगे को बहानें मिले,
मीत बरसों पुराने मिले।

गंध मधुवन में यूं बस गई
तीर को ज्यों निशानें मिले।

आपको कुछ ख़बर भी नहीं,
रागिनी को तराने मिले।

थे अदब से किये पेश जो,
फूल, उनके सिरहाने मिले।

पहले मिलते थे मासूम से,
अब मिले तो सयाने मिले।

जान अपनी लुटा दी 'शलभ'
पर ज़माने के ताने मिले।।

1. संस्कृति के साथ 2. भेंट (प्रस्तुत)

जो सच बोलें उनको तो सच बोलने दो

परिन्दों को अपनी ज़ुबां खोलने दो,
जो सच बोलें, उनको तो सच बोलने दो।

मुहब्बत में जो शख़्स रखते यक़ीं हैं,
फिज़ाओं में उनको तो रस घोलने दो।

नहीं डोलते जिनके पक्के इरादे,
ज़मीं डोलने दो, फ़लक डोलने दो।

'शलभ' जो जले हैं मुहब्बत की ख़ातिर,
तराज़ू में उनकी तपन तोलने दो।

फ़लसफ़े का नाम है गांधी

सच्चाई और अच्छाई का पैग़ाम है गांधी,
इंसान नहीं, फ़लसफ़े का नाम है गांधी।
तूने बुरे इंसान को भी दिल से लगाया,
तेरा तो हर इक दिल से एहतराम है, गांधी।
कुछ कहते हैं, मजबूरी का है नाम 'महात्मा',
सच ये है तेरा नाम इस्तेहकाम[1] है गांधी।
जिसने बिना हिंसा के ही आज़ादी दिलाई,
भारत की गुलज़मीं का तू गुलफ़ाम है गांधी।
इज़हारे-अक़ीदत करें हम किस तरह 'शलभ'
जज़्बात के गुलों से ही सलाम है, गांधी!

1. मज़बूती।

मौसमे-गुल आज पतझर हो गये

रो नहीं सकते हैं, पत्थर हो गये,
मौसमें-गुल[1] आज पतझर हो गये।

जो बहुत नाज़ुक[2] थे फूलों से कभी,
क्यों अचानक आज नश्तर[3] हो गये।

उम्रभर ज़ुल्मों-सितम सहते रहे,
अनुभवी हर चोट खाकर हो गये।

रब[4] ने दी आवाज़ उड़कर चल दिये,
हम सभी दुनियां में ताइर[5] हो गये।

दर्द के हर मोड़ से निकली ग़ज़ल,
बैठे-ठाले 'शलभ' शायर हो गये।

1. वसंत ऋतु 2. कोमल 3. कठोर 4. ईश्वर 5. पंछी।

शीश महल भी टूटा-सा छप्पर लगता है

काले-काले नाग खड़े हैं, डर लगता है,
और हर इक इन्सान यहां पत्थर लगता है।

महफ़िल है ख़ामोश, दीवारें भी चुप-चुप हैं,
बहुत अजनबी हमको अपना घर लगता है।

जाल बिछाये बैठा हुआ मछेरा कब से,
ख़त्म हो चला, जैसे कोई सफ़र लगता है।

जो जीवन था सेज कभी नाज़ुक फूलों की,
वो जीवन कांटों का अब बिस्तर लगता है।

सहमी-सहमी खड़ी ज़िन्दगी इक कोने में,
जिसको देखो हाथ लिए ख़ंजर लगता है।

कहां गये वो लोग सुनहरी शाम कहां है,
शीशमहल भी टूटा सा छप्पर लगता है।

तस्वीरों की रंगत कुछ फीकी-फीकी है,
चित्रकार को भरम एक अक्सर लगता है।

'शलभ' किसी के काम आ सकें, ये क्या कम है,
दिल में एक सुकून यही, जलकर लगता है।

(प्रसिद्ध ग़ज़ल गायक उस्ताद गुलशन भारती द्वारा 'कारवां' 2010 कार्यक्रम में प्रस्तुत-स्थानः पर्यटन भवन, प्रेक्षागृह, लखनऊ)

ये जीवन तो इक अनबुझा प्रश्न है

है मातम कहीं तो, कहीं जश्न है,
ये जीवन तो इक अनबुझा प्रश्न है।

यहां हैं वफ़ा के भी मंज़र कई,
कहीं पर वफ़ा क़ब्र में दफ़न है।

यहां दोस्ती की मिसालें कई,
सुदामा कोई तो, कोई कृष्ण है

सभी चाहते हैं कि मंज़िल मिले,
मगर मिलती जिसने किया जत्न है।

है दिन के उजाले में उजले सभी,
हमामों के अंदर सभी नग्न है।

किसी के लिए ज़िंदगी ख़ाक है,
हमारे लिए तो 'शलभ' रत्न है।

हम तेरे बन्दे हैं तुझको याद हो, न कि याद हो

इल्म[1] इतना देना मालिक, ताकि हर दिल शाद[2] हो।
ज़िन्दगी के फ़ैसले लेने को हम आज़ाद हों।

हम हैं ज़र्रः[3] तू जो चाहे तो बना दे आफ़ताब[5]
रौशनी फैलायें इतनी, हर तरफ बस दाद[5] हो।।

लायेंगे उसको अमल में, हर सबक़, जो है पढ़ा,
इक सबक़ इम्दाद[6] का है, बाद तक आबाद[7] हो।।

चाहे हो ज़र्रानवाज़ी[8], बात हो अख़्लाक़[9] की,
हम अलग दिख जायें, कितनी भीड़ की तादाद हो।।

बन्दगी[11] करते रहेंगे, उम्र भर तेरी 'शलभ',
हम तेरे बन्दे[12] हैं, तुझको याद हो, न कि याद हो।

1. ज्ञान, विज्ञान, विवेक 2. प्रसन्न चित्त 3. कण 4. सूरज 5. प्रशंसा 6. सहयोग 7. गुलज़ार 8. विनम्रता 9. शिष्टाचार 10. गिनती, संख्या 11. प्रार्थना 12. प्रार्थी, याचक।

भेद दुश्मन से भी कोई न छुपाया हमने

उधर चिराग़, इधर दिल को जलाया हमने,
न थे अपने, उन्हें भी अपना बनाया हमने।

नहीं कर पाये कभी हम किसी से चालाकी,
भेद दुश्मन से भी कोई न छुपाया हमने।

नज़र उठी तो दुआ के लिए उठी या रब,
वरना हर वक़्त नज़र को है झुकाया हमने।

हर इक मुक़ाम पे जब भी सुनाई दी दस्तक,
ख़ैर-मक़दम के लिए घर को सजाया हमने।

जिस्म से यूं तो पसीना बहा हर रोज़ 'शलभ'
पर अपनी आंख के पानी को बचाया हमने।

खुदकुशी तो प्राण की अवमानना है

धूप निकलेगी, नहीं सम्भावना है,
छा रहा कब से यहां कोहरा घना है।

बादलों का इस क़दर आतंक छाया,
डर रहा सूरज न करता सामना है।

इन दशाओं में ही अब जीना पड़ेगा,
ख़ुदकुशी[1] तो प्राण की अवमानना है।

आज श्रद्धा हो गई विकलांग इतनी,
लड़खड़ा जाये न, इसको थामना है।

हंस रही माया, पनपती जा रही है,
और कोने में सिसकती भावना है।

बादलों की आकृति भयभीत करती,
शेर के पीछे वहां अजगर बना है।

संस्तुतियों का वज़न भारी हुआ है,
दब गया है न्याय, अजब विडम्बना[2] है।

लड़ रहे हैं कई दीपक आंधियों से
'शलभ' जलते ही रहें, यह कामना है।

1. आत्महत्या 2. त्रासदी।

वो पत्थर का ख़ुदा निकला

जिसे सब कुछ लुटा बैठे, सनम वो बेवफ़ा निकला,
जिसे महफूज़[1] माना था, वो शीशे का मकां[2] निकला।

हज़ारों बार जिसकी बन्दगी[3] में सर नवाया था,
नहीं पिघला मुसीबत में, वो पत्थर का ख़ुदा निकला।

कभी सोचा कि आयेंगीं बहारें, इस गुलिस्तां[4] में,
चमन समझा किये जिसको, वो ग़म का आशियां[5] निकला।

जो लेनी थी, तो मेरी जान ही, इक बार ले लेते,
जनाज़ा[6] मेरी उल्फ़त का, मगर क्यों बारहा निकला।

'शलभ' ख़ुद जल गये, उफ़ भी न की, कोई वजह तो थी,
जुनूने-इश्क़[7] का दरिया, यहाँ निकला, वहाँ निकला।

1. सुरक्षित 2. घर 3. भक्ति 4. बगीचे 5. घर 6. शव-यात्रा 7. प्यार का पागलपन।

(प्रसिद्ध ग़ज़ल गायिका श्रीमती पद्मा गिडवानी द्वारा अनेक मंचों पर प्रस्तुत)

बढ़ते न प्यार की तरफ़ हैं पांव क्यों?

अल्लाह के बन्दों में भेदभाव क्यों?
इन्सानियत मरहम है, तो फिर घाव क्यों?

हम तो मना रहे हैं जश्ने-एकता इधर-
कुछ के ज़ेहन में चल रहा, अलगाव क्यों?

दिखता हमें है साफ़ किनारा तो सामने-
उल्टी दिशा में जा रही, वो नाव क्यों?

है बांट रहा सब्रो-ओ-उजाला अगर दिया-
तो कर रही हवा ये उलट दांव क्यों?

दहशत से तो नफ़रत ही फैलती है 'शलभ'
बढ़ते न प्यार की तरफ है पांव क्यों?

दुनियां है एक ख़ाक बताते हैं जो सबको,
उनको ही ज़र, ज़मीन का है चाव क्यों?

अब यहां हर शख़्स बहरा हो गया है

घाव छोटा और गहरा हो गया है,
अब यहां हर शख़्स[1] बहरा हो गया है।

कब तलक ओढ़े मुखौटे जी सकेंगे,
बेनक़ाब[2] हर आज चेहरा हो गया है।

मन के अंदर ढेर-सी काई लगी है,
सिर्फ़ ऊपर तन सुनहरा हो गया है।

डाकुओं को छूट, छोटे चोर ख़ातिर,
सख़्त काफ़ी आज पहरा हो गया है।

पनपता था प्यार का जो पेड़ पहले,
कुछ दिनों से वह छरहरा हो गया है।

सोचते थे क़द बढ़ेगा आदमी का
आदमी पर और बौना हो गया है।

1. व्यक्ति 2. खुला/बेपर्दा।

(संगीत गुरु श्री केवल कुमार द्वारा 'कारवां चलता रहे' कार्यक्रम में प्रस्तुत, स्थानः- उ. प्र. हिन्दी संस्थान, यशपाल सभागार।)

ज़िन्दगी का नाम बस मस्ती नहीं है

रात लम्बी तीरगी[1] टलती नहीं है।,
शमा कोई भी कहीं जलती नहीं है।

गर कहा है, तो अमल भी कीजियेगा,
सिर्फ़ कहकर बात कुछ जंचती नहीं है।

ज़िन्दगी ग़म का मुसल्सल[2] सिलसिला है,
ज़िन्दगी का नाम बस मस्ती नहीं है।

उस सड़क पर भूलकर मत जाइयेगा,
जाने कब से वो सड़क चलती नहीं है।

आप नाहक गुनगुनाते जा रहे हैं,
सुरीले लोगों की ये बस्ती नहीं है।

कट गया बरगद कभी देता था साया,
ज़िन्दगी अब छांह में पलती नहीं है।

पहले खलती थी शमा की बेवफ़ाई,
अब 'शलभ' वो आदतन खलती नहीं है।

1. अंधेरा 2. निर्बाध।

है मंज़िल एक, पर राहें कई हैं

बता दे तेरे-मेरे दरमियां क्या है?
अगर कुछ है तो फिर मर्ज़-दवा क्या है?

पुराना है शजर[1], पत्ते नए हैं,
पुराने और नए में फ़ासिला क्या है?

है मंज़िल एक, पर राहें कई हैं,
किसी पर चल दें, इतना सोचना क्या है?

नहीं मिलकर भी मिलने की खुशी है,
'शलभ' समझे नहीं, ये माजरा क्या है?

1. पेड़।

गांधीगिरी करिये

गांधी को याद करके बड़ा काम किया है,
उनके उसूल को नया अंजाम दिया है।

जो भूल चले थे कि गांधी कौन था, क्या था,
बतला के ये गांधी का फिर से नाम किया है।

गांधी को जानना है तो गांधीगिरी करिये,
क्या ख़ूब ये पैग़ाम सरे-आम दिया है।

गांधी की आत्मा कहे, भाई लगे रहो,
तुमने ये सबक़ दिल-जिगर से थाम लिया है।

यों बदलना मुश्किल है दुश्मनों का यूं मिज़ाज
अन्ना ने करिश्मा ये सुब्हो-शाम किया है।

प्यार की लेकिन 'शलभ' सरहद नहीं है

आम के सब पेड़ हैं, बरगद नहीं है,
आदमी हैं, किन्तु आदमक़द नहीं हैं।

उस मकां[2] में रोशनी किसने करी है,
कोई भी रहता वहां शायद नहीं है।

पैर चादर देखकर फैलाइयेगा,
आपके उनकी तरह आमद[3] नहीं है।

ज़िन्दगी उससे मिली तो खुश हुई थी,
ज़िन्दगी से मिलके वो, गदगद नहीं है।

क्यों कबूतर आ रहे हैं, इस तरफ़ ये,
इस इमारत में कोई गुम्बद नहीं है।

ज़िन्दगी है चार पल की प्यार कर लो,
ज़िन्दगी का और कुछ मक़सद[4] नहीं है।

सोचकर नफ़रत किसी से कीजियेगा,
प्यार की लेकिन 'शलभ' सरहद[5] नहीं है।

1. ऊंचा इंसान 2. घर 3. स्रोत 4. उद्देश्य 5. सीमा।

देश भक्ति गीत

यह भी सोचें तो अच्छा है

आज़ादी तो मना रहे हम, यह भी सोचें तो अच्छा है
दिया देश ने हमको सब कुछ, हमने दिया देश को क्या है?

क्या हमने कर्त्तव्य किए हैं पूरे, जो विधना ने बांचे?
क्या हमने दायित्व निभाए, जो ईश्वर ने थे रखि राचे,
क्या हमने परिवेश बुने हैं, अन्तर के खोले अवगुण्ठन?
क्या अर्जित विश्वास किए हैं, कितनों के मन में हैं झांके?
कितनों के आंसू पोंछे हैं, कितनों पर उपकार किया है?
आज़ादी तो मना रहे हम, यह भी सोचें तो अच्छा है।।

गांधी और सुभाष दोनों ने आज़ादी की जोत जलाई,
भगत सिंह, अशफ़ाक़, सरीखे जांबाज़ों ने जो अपनाई।
देकर रक्त शहीदों ने अपना जिसको सींचा था निसदिन,
उस आज़ादी को मनमानी रहे समझते, समझ न आई?
हो क्यों सकता नहीं, हमारे भीतर भी वैसा जज़्बा है?
आज़ादी तो मना रहे हम, यह भी सोचें तो अच्छा है।।

जन-जन की कटुता को यदि हम, नेह धार से धो डालेंगे,
वीणा के तब किंचित झंकृत, तार सुकोमल हो जाएंगे।
विकट पंथ पर यदि हम ध्येय साधना करके चलना सीखें,
तब ही कंटक शय्या पर हम, पुष्प त्याग कर सो पायेंगे।
प्रबल स्त्रोत सरिता का किसने रोका है, और कहां रुका है?
आज़ादी तो मना रहे हम, यह भी सोचें तो अच्छा है।।

नमन है उस देश को

नमन है उस देश को, जिस देश का है नाम भारत,
तप, तपस्या, साधना, सुविचार का परिणाम भारत।।

ऋषि, मुनि की यह धरा है, देवगण की स्थली है,
त्याग, करुणा और मर्यादित यहां संस्कृति पली है।
भरत भारत, बुद्ध भारत, कृष्ण भारत, राम भारत,
नमन है....।।

राष्ट्र का निर्माण पोषण, वृद्धि है इसकी कहानी,
आन पर बलिदान की है, प्रेरणामय यह निशानी।
महापुरुषों के सपन का, तीर्थ चारों धाम भारत,
नमन है....।।

आज कैसी शुभ घड़ी है, शौर्यमय आनन्द छाया,
अतिथि सम्मानित पधारे, ज्ञान का है पर्व आया।
नव उषा से अब सुगन्धित, हो उठे हर ग्राम भारत,
नमन है....।।

त्रेता, द्वापर और कलियुग

त्रेता में तो एक हुआ था, आज अनगिनत रावण हैं,
राम पड़ा कमज़ोर अकेला, साथ न देता लक्ष्मण है।

लगे हुए हैं कितने शकुनी, चौपड़ चाल बिछाने को,
अपने-अपने आकाओं से मिलकर माल कमाने को।
दुर्योधन का संरक्षण ले, देश हड़प कर जाने को,
आंखे मींचे हुए राष्ट्र की, गरिमा धूल मिलाने को।
चिल्ला रही द्रौपदी, लोगों के हृदयों में पाहन है,
त्रेता में तो...।।

आज भरत सम भाई कहां है, तलवारें हैं खिंची हुई
एक-दूसरे को नहिं देखें, दृष्टि गिरी है, झुकी हुई।
छुरा भोंक दे अवसर पाकर, सांस-सांस है रुकी हुई,
फेंक खड़ाऊं, राज हडप लें, नेह भावना चुकी हुई।
आज नहीं आदर्श राम से, कौन भरत सम पावन है?
त्रेता में तो...।।

संग देवकी, वासुदेव, अब भी हैं जेल में पड़े हुए,
मछली खाकर मोटे बगुले, पेट सभी के भरे हुए।
जिधर देखिए फन ऊंचा कर नाग कालिया खड़े हुए,
गली-गली में कंस घूमते, हंस सभी हैं डरे हुए।
कैसे गोकुल पहुंच सकेगा, वो काला मनभावन है,
त्रेता में तो...।।

भरत के 'भ' से भाईचारा, था अच्छा संदेश यहां,
'र' से रमा था, जन-गण-मन में, सांस्कृतिक परिवेश यहां।
'त' से तुष्टि भावना थी, नहीं लोभ कहीं था, शेष यहां,
सोने की चिड़िया कहलाता था, यह भारत देश, यहां।
इस चिड़िया के पर किसने कतरे, वो कौन दशानन है?
त्रेता में तो...।।

'भ' से भ्रष्टाचार हुआ अब, राशि वही है भारत की,
'र' से रिश्वत चढ़ी हुई सिर, जननी है हर आफ़त की।
'त' से 'तस्करी' ने तोड़ी, सीमाएं सभी गिरावट की,
सोने की चिड़िया है दूषित, खाकर दाल मिलावट की।
कोई तो बतलाये इस सबके पीछे क्या कारण है?
त्रेता में तो....।।

अर्जुन हार गया, दुर्योधन ने सत्ता हथिया ली है,
गांडीव को छोड़-छाड़, उसने तो धूनि रमा ली है।
नकुल, भीम, सहदेव लड़ रहे, कारण बस पांचाली है,
धर्मराज हो गए अधर्मी, करतूतें सब काली हैं।
अब तो आओ किशन कन्हैया, इन आंखों में सावन है,
त्रेता में तो...।।

शत-शत-नमन

मातृभूमि की वन्दना में शत नमन, शत-शत नमन

प्राण का दीपक संजोये, हम उतारें आरती,
अर्चना की शंख ध्वनि से, गूंजती है भारती।
है समर्पित साधकों का पूर्ण जीवन, पूर्ण मन,
मातृभूमि की वन्दना में शत नमन, शत-शत नमन।।

भरत से भारत बना और राम जिसमें रम रहा,
कोटि कण्ठों ने जिसे जय गान से वंदित कहा।
जहां कान्हा की मुरलिया ने बिखेरा सरसपन,
मातृभूमि की वन्दना में शत नमन, शत-शत नमन।।

सहयाद्रि का हो हस्त और मस्तक जहां हिमराज का,
हो मंत्र वेदों के जहां, हर गीत हो निर्माण का।
करे गंगा चपलता, सागर जहां धोये चरण,
मातृभूमि की वन्दना में शत नमन, शत-शत नमन।।

प्यार की गंगा बहायें, दोस्तों

आओ मिलकर प्यार की गंगा बहायें दोस्तों।
देश की ख़ातिर चलो कुछ कर दिखायें दोस्तों।

मज़हब सब अच्छे हैं यारों, सोच अच्छी चाहिये,
व्यर्थ के झगड़ों में क्यों सर को खपायें दोस्तों।

वक़्त कहता है कि हम इतिहास से कुछ सीख लें,
भगत सिंह, अश़फ़ाक़ और बिस्मिल को गायें दोस्तों।

एक है अपना वतन, धरती भी अपनी एक है,
सोचकर यह अब खुशी से गुनगुनायें दोस्तों।

राम भी अपने हैं यारों और अपने हैं रहीम,
आओ, दोनों के लिए हम सर नवायें दोस्तों।
आओ मिलकर...........।।

('कारवां' कार्यक्रम-2010 में समूहगान के रूप में प्रसिद्ध संगीत निर्देशक श्री केवल कुमार एवं प्रसिद्ध ग़ज़ल गायक उस्ताद गुलशन भारती द्वारा प्रस्तुत)

एकता का नया गीत गायें

(दूरदर्शन 'देशगान' कार्यक्रम से प्रसारित)

व्यक्ति-व्यक्ति जोड़कर, भेदभाव छोड़कर,
एकता का नया गीत गायें,
एकता का नया गीत गायें।
देश साधना यही, देश वन्दना यही,
आओ मिलकर नयी क्रांति लायें, एकता का नया गीत गायें।
व्यक्ति-व्यक्ति जोड़कर......।।

कामना है कि मां के चरण में,
आज कर दें समर्पित हृदय को,
पथ भरा है, कई कंटकों से,
किन्तु देखें निरन्तर विजय को।
है अंधेरा मगर है ये आशा,
स्नेह सुरभित बने प्रेम भाषा।
ज्योति लेकर चलें,
कोटि दीपक जलें,
पंथ आलोक का जगमगाये,
एकता का नया गीत गायें।
व्यक्ति-व्यक्ति जोड़कर....।।

जो अलख पूर्वजों ने जलाई,
करके रौशन उन्हें दें निशानी।
त्याग दें सारे सुख आज अपने,

त्याग की ये धरा है पुरानी।
देश तूने दिया है जो हमको,
दे न पाये नहीं कुछ भी तुझको।
जान अर्पित तुझे, प्राण अर्पित तुझे,
ऋण तेरा देश कैसे चुकायें,
एकता का नया गीत गायें,
व्यक्ति-व्यक्ति जोड़कर.....।।

बापू के प्रति

एक लंगोटी तन पर धोती, किसकी ये पहचान,
जिसने आज़ादी दिलवाई, वीर बड़ा बलवान।

काठवाड़ की शुचिभूमि पर चमकी एक मशाल,
बहुत नहीं उस दिन को हुए हैं सौ और बयालीस साल।
हरिश्चन्द्र का नाटक देखा, सत्य बना सिद्धांत,
गले लगाया सच को उसने, कभी न छोड़ा साथ।
सत्य अहिंसा दो धर्मों की देता रहा दुहाई,
जेल यातना कष्ट सहे, चाहे कितने दुखदाई।
एक लंगोटी....।।

देखी बापू ने जब मां के पांवों में ज़ंजीर,
करी प्रतिज्ञा बदलूंगा मैं भारत की तक़दीर।
'भारत छोड़ो' का बापू ने दिया एक दिन नारा,
कूद पड़ा इस आंदोलन में भारतवासी सारा।
बिना खड्ग के, बिना भाल के, किया देश आज़ाद,
है मिसाल जो दुनियां वाले, सदा करेंगे याद।
एक लंगोटी..........

क्या गांधी की याद बची है, इस पर तनिक विचारें,
बापू के उन आदर्शों को आओ सब मिल धारें।
खादी के कपड़ों से उसने किया देश का हेत,
चरखे से दे दिया सदा चलने का है संदेश।
आज नहीं है गांधी, पर हैं शाश्वत उसके बोल,
सत्य, अहिंसा, स्वाभिमान से जीवन कर अनमोल।
एक लंगोटी.......।।

चूम लूं मैं अपनी माटी

(1)

देश एक है बता रही केरल से करगिल की घाटी,
करवट ज़रा दिला दो मुझे, चूम लूं मैं अपनी माटी।

मां तेरा जो दूध पिया था, उसकी लाज बचाई है,
सीने पर गोली खाई है, नहीं पीठ पर खाई है।
मरने से पहले मां मैंने, सबक तुम्हारे रट डाले,
यद्यपि रहा अकेला फिर भी, आठ-आठ दुश्मन मारे।
याद आई थी बहुत तुम्हारी, वो घी की चुपड़ी बाटी,
करवट ज़रा दिला दो मुझे, चूम लूं मैं अपनी माटी।।

(2)

मेरी प्रेयसि को बतला दो, आंसू नहीं बहाये वो,
जो शरीर से लहू बहा है, उससे मांग सजाये वो।
रहे सुहागिन सी, क्यूंकि मैं नहीं मरूंगा, मरकर भी,
चूड़ी की झंकार सुनाई देगी मुझको अक्सर ही।
ना तोड़े वो अपनी चूड़ी, बदले अब ये परिपाटी,
करवट ज़रा दिला दो मुझे, चूम लूं मैं अपनी माटी।।

(3)

मेरे बेटे को समझाना, आने वाला कल आये,
वो भी मेरे पद-चिन्हों पर, काम देश के आ जाये।
बड़ी प्रसन्न आत्मा होगी, मेरा काम अधूरा है,
सावधान रह, उसको करना काम हमारा पूरा है।
मार्ग प्रशस्त किया है उसका, धूल दुश्मनों ने चाटी,
करवट ज़रा दिला दो मुझे, चूम लूं मैं अपनी माटी।।

(4)

देश प्रेम का गीत सुना दो, अंतिम सांसें हैं मेरी,
मुझे सुना दो, विजय-पर्व की मित्र सुरीली रणभेरी।
अंतिम इच्छा है मेरी, ध्वज को लहराता मैं देखूं,
आंखों में बस जाये तिरंगा, नेत्र उसी से बस सेकूं।
कितने दिन और कितनी रातें इस अभिलाषा में काटी,
करवट ज़रा दिला दो मुझे चूम लूं मैं अपनी माटी।।

परमाणु तोड़ कर भी निर्माण कराना है....

हमें डोर एकता की मज़बूत बनाना है,
एक दीप एकता का, मिलकर के जलाना है।
हर भारतवासी का, अब लक्ष्य बने रचना,
परमाणु तोड़कर भी, निर्माण कराना है।।

हैं पांच उंगलियां पर, क्या हैं कुछ कर सकतीं,
जब बंधती है मुट्ठी, तब आती है शक्ति।
है शान्ति एकता में, यह पाठ पुराना है,
यह पाठ पुराना है, इसको अपनाना है।
हमें डोर...।।

हैं कोटि हृदय अपने, पर भाव एक ही हैं,
जाना है दूर मंज़िल, पर नाव एक ही है।
अंगारों में तपकर, यह भाव जगाना है,
यह भाव जगाना है, मंज़िल को पाना है।
हमें डोर....।।

भागीरथ के तप से, गंगा भू पर आई,
उसके अथाह जल से, हमने है शक्ति पाई।
कश्मीर की घाटी हो, बंगाल या केरल हो,
हमें सभी दिशाओं में, आलोक जगाना है।
हमें डोर.....।।

उग्रवाद के प्रति

चिंगारियां सुलग उठीं, जब देश कराहा,
हम आग से तपी हुई, शमशीर हो गये।
जब उग्रवाद ने शुरू विवाद कर दिया,
हम हास्य-व्यंग्य के कवि गम्भीर हो गये।।

सोचा था कि अधिकार, तुम्हें समूचा दे दें,
बापू का लगाया हुआ ये बग़ीचा दे दें।
तुम खालिस्तान मांग रहे सिर्फ़ थे लेकिन,
हम सोच रहे थे तुम्हें हिन्दुस्तां दे दें।।

पर तुमने नहीं बात का सम्मान किया है,
देवी के रक्तपात से स्नान किया है।
तुमने कलंक माथे पे खुद रख लिया अपने,
तुमने शहीद भगत का अपमान किया है।।

नेहरू ने हमें शान्ति का था पाठ पढ़ाया,
गांधी ने अहिंसा का धरम हमको सिखाया।
तुमने बमों के शोर में सब ख़ाक कर दिया,
भारत ने विश्व भर में था जो नाम कमाया।।

जिस मां ने तुम्हें प्यार से पाला तुम्हें पोसा,
बेटे की तरह मान के कर डाला भरोसा।
उस दूध की कुछ लाज भी तुम रख न सके हो,
जिस दूध को मां ने तुम्हें ममता से परोसा।।

किसने तुम्हें हिंसा का ये अधिकार दिया है?
जिस मां ने बचाया उसे ही मार दिया है।
हम चैन से पड़े थे ख़्वाबगाह में लेकिन,
तुमने ही सुप्त सिंह को ललकार दिया है।।

तुम भूल गये हो कि मां वतन है तुम्हारी,
पंजाब की नदियां भी जां वतन हैं तुम्हारी।
मति भ्रष्ट हो गये हो, वृक्ष पर जहां बैठे,
उस वृक्ष पर ही स्वयं चलाते हो कुल्हाड़ी।।

निर्दोष बालकों का ख़ून क्यों किया तुमने?
ताउम्र बेबसी का रोग क्यों दिया तुमने?
तुम भी किसी के पुत्र हो, भाई हो किसी के,
माताओं को सुत का वियोग क्यों दिया तुमने?

आतंक से तुम धैर्य को अब तोल रहे हो,
किस देश की भाषा में अधिक बोल रहे हो?
धिक्कार है नानक के तुम सपूत नहीं हो,
अमृत के सरोवर में ज़हर घोल रहे हो।।

लेकर धरम की आड़ किये कर्म कसैले,
तुम सांप आस्तीन के निकले हो विषैले।
इतिहास है गवाह जब बना है कोई सर्प,
हम पैंतरे बदल के बने छोटे से नेवले।

हिंसा की नीति छोड़ दो, तो बात बनेगी,
वरना जो डोर टूट गई गांठ पड़ेगी।
दब जायेगा आतंक, उग्रवाद और उत्पात,
जब सौम्य, सभ्य, शांति, क्रूर क्रांति बनेगी।।

(यह रचना आज से लगभग 25 वर्ष पूर्व भारत की पूर्व प्रधानमंत्री श्रीमती इंदिरा गांधी की जघन्य हत्या के पश्चात् लिखी गई थी, परन्तु उग्रवाद, आतंकवाद के प्रति आज भी सामयिक है और आक्रोश भाव व्यक्त करती है।)

नया निर्माण करेंगे

बापू के सपनों का भारत, हम साकार करेंगे।
अपना तन-मन देकर इसका नव निर्माण करेंगे।।

सत्य अहिंसा का बापू ने पाठ पढ़ाया था,
किन्तु पढ़ाने से पहले उसको अपनाया था।
सत्यमेव का मार्ग दिखाया,
वसुधा को कुटुम्ब बतलाया।
बापू के इन आदर्शों का,
हम आह्वान करेंगे।
अपना तन-मन देकर.....।।

बिन खड्ग के बिना भाल के दिलवाई आज़ादी,
छोड़ विदेशी पहनावा थी पहनी उसने खादी।
चरखे का संदेश निकाला,
अन्धकार में दिया उजाला।
बापू ये संदेश तुम्हारा
अंगीकार करेंगे।
अपना तन-मन देकर.....।।

जब गोरों ने भारत को,
परतन्त्र बनाया था।
बापू तुमने स्वतंत्रता का,
दीप जलाया था।
आज़ादी का देकर नारा,
तुमने गोरों को ललकारा।
दृढ़ निश्चय ले लिया कि
भारत को आज़ाद करेंगे।
अपना तन-मन देकर....।।

नया इतिहास रचें
(दूरदर्शन लखनऊ से प्रसारित)

नये इक युग का, नया इतिहास रचें,
दुनिया में भारत को आगे बढ़ायें,
मिल जुल के ऐसा विश्वास रचें।
नया विश्वास रचें,
नये इक युग का.....।।

जननी के पावन चरण में, कर दें समर्पित हृदय को,
पथ है अगम साधना का, देखें निरन्तर विजय को।
कोटि-कोटि प्राण में, जगे एक आशा,
कोटि-कोटि बुद्धि की बने एक भाषा।
जीवन में ऐसा मधुमास रचें,
नया मधुमास रचें,
नये इक युग का.....।।

दीपक जले ज्योति का तब, हो दूर गहरा अंधेरा,
नव चेतना साथ लेकर, आ जाये मधुरिम सवेरा।
प्रगति भावना लिए, देश निर्माण हो,
समर्पण की भावना का, कण्ठ-कण्ठ गान हो।
धरती पे ऐसा आकाश रचें,
एक आकाश रचें,
नए इक युग का....।।

धर्म हमारा भाईचारा

(समूह गान)

देश हमारा जान से प्यारा,
हमने जतन से इसको संवारा।
देश हमारा.......।।

कश्मीर से लेकर कन्याकुमारी तक,
भारत एक ही है, कहते उठा मस्तक।
गंगा की धारा, यमुना किनारा,
कर दे सफल जो, जीवन सारा।
देश हमारा.....।।

हम देश की ख़ातिर कुछ भी कर सकते हैं,
उसके लिए यारों! हम तो मर सकते हैं।
आज ये नारा, अपना सहारा,
निकल पड़े जब इसने पुकारा।
देश हमारा........।।

ये सूर की धरती, रसखान की धरती,
अल्लाह की धरती, भगवान की धरती।
धर्म हमारा भाईचारा,
जात-पात नहीं हमने विचारा।
देश हमारा............।।

यह देश चमन हो जाएगा

जब व्यक्ति-व्यक्ति में, देशभक्ति का भाव हिलोरें खायेगा,
यह देश चमन हो जायेगा।।

पहले तो हम थे पराधीन, थे हाथ हमारे बंधे हुए,
जकड़े थे पैर हमारे तब, थे गले हमारे रुंधे हुए।
अब हम स्वतंत्र हैं, पौरुष बल तो स्वतः रंग दिखलायेगा,
यह देश चमन हो जायेगा।।

जब नहीं यहां होगी हिंसा, शिक्षा होगी रोज़गार जुड़ी,
जब नेता बस सेवक होगा, बातें न करें लम्बी-चौड़ी।
बापू के सपनों का भारत, केवल तब सच हो पायेगा,
यह देश चमन हो जायेगा।।

यदि स्वार्थ छोड़ निस्वार्थ भाव से, भारतवासी जुट जायें,
तो अमरीका क्या, सारी दुनियां, नतमस्तक हो झुक जाये।
दहशत, नफ़रत का काम नहीं, सर्वत्र अमन हो जायेगा।
यह देश चमन हो जायेगा।।

यह बात ध्यान से सुनें सभी, भारत की सभी इकाई हैं,
यद्यपि करोड़ से ऊपर हैं, फिर भी हम भाई-भाई हैं,
हर व्यक्ति देश है, भाव 'शलभ' जब, जन-गण-मन में आयेगा,
यह देश चमन हो जायेगा।।

भक्ति गीत

बंशी बजैया, कृष्ण कन्हैया

बशीं बजैया, कृष्ण कन्हैया, सबका है रखवाला,
उस रखवाले की रखवाली, करे एक ब्रजबाला।।

गेंद गिरी नदिया में, नाचा कृष्ण कालिया फन पे,
कुपित इन्द्र से हुआ, उठाया परवत इक अंगुल पे।
मात जसोदा का घर जिसने खुशियों से भर डाला,
उस रखवाले की...।।

'गणिका' और 'अजामिल' तारे, ये तो सभी ने माना,
सुनी द्रौपदी पीर, बढ़ाया चीर, सभी ने जाना।
जिसके प्रेम में पी गई मीरा, विष से भरा हुआ प्याला,
उस रखवाले की...।।

भक्तों की आवाज़ सुनी तो स्वयं चला वह आया,
हिरणकश्यप को नरसिंह अवतार तुरत दिखलाया।
काम किये उजले जब कि, कहते तन का था काला,
उस रखवाले की....।।

माखन चोरी पकड़ी गई तो गोपी को समझाया,
मैं समझा यह घर मेरा है, यूं धोखे में आया।
मटके में दधि-माखन रखा, झांका तो अकुलाया,
चींटी पड़ी दिखाई, काढ़न को मैंने कर नाया।
जिसकी लीला से हो जाता है घर-घर उजियाला,
उस रखवाले की....।।

राम नाम को जप ले बन्दे

(लखनऊ दूरदर्शन-कामगार सभा कार्यक्रम में प्रसारित)

राम नाम को जप ले बन्दे,
भव सागर तर जायेगा।
चरण-शरण प्रभु के तू जा रे,
मार्ग मुक्ति का पायेगा।
राम नाम....।।

काम, क्रोध, मद, लोभ, मोह में,
गर तू जकड़ा जायेगा।
इक दिन क्रूर काल के हाथों,
यूं भी पकड़ा जायेगा।
चेता नहीं अगर तू अब भी,
फिर पीछे पछतायेगा।
राम नाम को......।।

राम रमैया सबकी भैया,
नैया पार लगायेगा।
डोर सौंप दे नारायण को,
पार उतर ही जायेगा।
'शलभ' सफल होगा तब जीवन,
नारायण गुण गायेगा।
राम नाम को...........।।

हरिनाम जपा कर

(लखनऊ दूरदर्शन से प्रसारित)

हरिनाम जपा कर साईं,
तुझे हर कृपा मिलेगी भाई।
रे प्रभु की कृपा मिलेगी भाई।।

काहे को बन्दे जग में आया,
जग में आकर समय गंवाया।
तूने करी न प्रभु से मिताई,
कहां से कृपा मिलेगी भाई?
हरिनाम................।।

जो तू उससे लगन लगाता,
भवसागर से तू तर जाता।
तूने अब भी न लगन लगाई,
गंवाया जनम मूढ़ की नाईं।
हरिनाम.................।।

दीन दुःखी का वो रखवाला,
अंधियारे में भी करे उजाला।
तूने काहे न जोत जलाई,
'शलभ' अब मत कर और ढिलाई।
हरिनाम..................।।

शारदे मां, वर दो,

जो कुन्द इन्दु के समान हैं,
जिसकी लीला महान है,
ओ सरस्वती, ओ भगवती, ओ शारदे मां,
वर दो, वर दो, वर दो।
वर दो, वर दो, वर दो।।

जो हस्त में वीणा उठाये हैं,
जो ज्ञान की गंगा बहाये हैं,
जिसको सभी ने सर नवायें हैं, ओ सरस्वती, ओ भगवती, ओ शारदे मां,
वर दो, वर दो, वर दो।
वर दो, वर दो, वर दो।

जो देवगण से पूजी जाये है,
जो प्यार माता सा लुटाये है,
संगीत की देवी कहाये है, ओ सरस्वती, ओ भगवती, ओ शारदे मां,
वर दो, वर दो, वर दो।
वर दो, वर दो, वर दो।

जो शुभ वस्त्रों से सुशोभित है,
जिसकी कृपा से भक्त पुलकित हैं।
जिसकी दया के द्वार अगणित हैं, ओ सरस्वती, ओ भगवती, ओ शारदे मां,
वर दो, वर दो, वर दो।
वर दो, वर दो, वर दो।

भक्ति छन्द

(1)

कुन्द इन्दु के समान, जाकी महिमा महान,
जिनके चरन में रमन करे मन है।

वीणा कर में सुभाय, पाठ वेद का सिखाये,
सुर की सुरभि से सुगन्धित गगन है।

देवगण गान करें, मुनिवर ध्यान करें,
श्वेत, शुभ्र जिनका अनन्त आचरण है।

अतुलित ज्ञान भरे, साधकों को दान करे,
ऐसी मां सरस्वती को कोटिशः नमन है।

(2)

दूध मलाई सफाचट की,
'रसखान' महान महा सुख पायो।

विश्व में नाम भयो 'तुलसी'
जब राम के नाम की गंग बहायो।

गाइ कै मीरा भी पाइ गई प्रभु,
'सूर' ने कृष्ण को माखन खायो।

छाछ थी भाग हमारे लिखी,
पर छाछ को चाख के बैंकुठ धायो।

माता का दरबार लगा है

माता का दरबार लगा है,
जाकर कैसे शीश नवाऊं।
खाली दोनों हाथ हैं मेरे,
सोच में हूं क्या भेंट चढ़ाऊं?

जिसने भी झोली फैलाई,
माता से उसने सब पाया।
मैं मूरख था, समझ न पाया,
मां ने मुझको बहुत बुलाया।
अब कैसे मैं उस तक जाऊं?
कैसे उससे आंख मिलाऊं?
माता का दरबार लगा है,
जाकर कैसे शीश नवाऊं।।

जिसकी कृपा से गूंगा बोले,
अंधे को सब कुछ दरसाये।
'शलभ' तरेगा ये जीवन भी,
एक झलक उसकी मिल जाये।
तड़प रहा है मन दरशन बिन,
किसको अपना हाल बताऊं?
माता का दरबार लगा है,
जाकर कैसे शीश नवाऊं।।

जो श्याम नाम जपते हैं

जो श्याम नाम जपते हैं,
वो भवसागर तर जाते हैं।
जो श्याम नाम नहिं जपते,
भवसागर में फंस जाते हैं।
बोलो श्याम श्याम श्याम, राधेश्याम, श्याम, श्याम।।

कृष्ण कन्हैया, सबका खिवैया, सबका पालनहारा,
संकट में जब पड़ी द्रौपदी तो उसने ही तारा।
जो श्याम नाम गुण गाते,
हर संकट से बच जाते।
जो श्याम के गुण नहीं गाते,
वो संकट में पड़ जाते हैं।
बोलो श्याम, श्याम..........।।

श्याम नाम ही सबसे प्यारा, श्याम नाम ही सांचा,
'मीरा' ने भी इसको गाया, 'सूर' ने इसको बांचा।
जो श्याम नाम रटते हैं,
निज नाम अमर कर जाते।
जो श्याम नाम नहीं रटते,
वो जीते जी मर जाते हैं।
बोलो श्याम, श्याम श्याम, राधेश्याम, श्याम, श्याम।।

विविध

अन्तर

कविता क्या है?
कवि के हृदय के उदगार,
जो भाव आते हैं एक कवि के मन में,
मस्तिष्क में,
उन्हें करने को उजागर
वह रहता है उतावला
कविता चाहे छंदबद्ध हो
या छंद मुक्त,
बेताल हो या ताल युक्त
पर कविता में कवि के
भाव निकलने को रहते हैं, विह्वल, आतुर,
चाहे कल्पना के घोड़े पर सवार,
या अतीत की स्मृतियों से जुड़े,
पर भाव सच ही होते हैं,
वर्तमान के किसी प्रसंग से उलझे,
पर एक तत्त्व निश्चित होता है इनमें
ईमानदारी का,
सच का,
सपनों का सच भी,
आखिर सच ही है,
हृदय की आवाज़ दर्पण होती है।

जो झूठ नहीं बोलती
कितनी पारदर्शिता है,
एक कवि की कविता में,
एक कविता पढ़ते ही,
भांप जाता है हर कोई
कवि की शैली
उसका व्यक्तित्व
अन्दर से बाहर
आ जाता है।
मनोविज्ञान का ज्ञाता
चाहे तो बता दे उसकी सारी कहानी,
जीवन का सारा फ़लसफ़ा,
उसके कृतित्व से।
कवि के पास,
छुपाने को कुछ नहीं-
दरअसल, वह छुपाना भी नहीं चाहता,
वह तो प्रकाशित करना चाहता है,
ताकि लोग जाने उसके हृदय को,
उसके हृदय के भावों को।
कितना बड़ा अन्तर है।
एक कवि और एक आम आदमी में
आम आदमी
सब कुछ छुपाना चाहता है,
ढक देना चाहता है अपने भावों को,
दबा देना चाहता है कल्पनाओं को,
ताकि कोई उसके अन्दर को
सूंघ न ले,
जान न जाये

कि वह क्या है?
पड़ा रहे पर्दा,
ऐसे ही
जो पड़ा है
न जाने कब से
और पड़ा ही रहेगा,
उसके राख होने तक।।

आतंकवादी से

क्या तुम,
अपने दुराग्रह से
सच को झूठ
और झूठ को सच में
बदल सकते हो,
और इस तरह
सबकी नज़रों से,
और स्वयं अपनी नज़रों से
बच सकते हो?
क्या कभी
सोचा है तुमने एकान्त में,
कि जिन
निरीह, निर्दोष
इन्सानों की जानें गईं,
विधवाओं की मांग का सिंदूर,
मांओं का ममत्व,
पिताओं का प्यार,
बहनों का बंधन
भाइयों का दुलार
जो तुमने छीना
उनका कारण कौन था?
तुम ही तो थे,
अगर यह सब होता तुम्हारे साथ,

तो तुम कितने उत्तेजित होते,
लड़ जाते सारे संसार से -
जड़ से उखाड़ देते
उस कारण को
जो तुमसे छिनवाता तुम्हारे अपने,
तुम्हारे सपने।
काश, तुमने कभी चिंतन किया होता,
एक पल भी-
तो शायद तुम्हारे दिल से आती यही आवाज़,
कि हां,
यह ग़लत है, पाप है,
घृणा हो जाती
तुम्हें अपने आप से,
और यह घृणा ही
बन जाती शायद, भाईचारे का
एक प्यारा संदेश।।

न जाने कब?

विश्वास और अविश्वास के बीच,
मेरा मन
बन गया है मात्र एक त्रिशंकु,
भटकता हुआ राही,
ज्यों पहुंच गया हो एक दोराहे पर,
जहां की राहें अंजान हैं,
एक तरफ अंधेरा-ही-अंधेरा है,
मानो कोई डरावना श्मशान है,
दूसरी ओर से,
कभी-कभी चमक जाती है,
आशा की एक नन्हीं किरण।
ऊहपोह की इस स्थिति में,
पता नहीं कौन सी राह को चुनना है,
कौन सी डगर को पकड़ना है।
कौन सी मंज़िल है,
कहां तक जाना है।

न जाने कब
समाप्त होगी,
यह विश्वास और अविश्वास की कशमकश,
अंधेरे और उजाले का यह
महाद्वन्द।
न जाने कब?

याद

मन जब उदास होता है,
याद आती है तुम्हारी-
पंछी सा व्याकुल मन,
उड़ता है पंख लगाकर।

असीम-अनन्त-आकाश
खुली बांहों सा-

जैसे तुम मुझे, बुला रही हो,
बाहें फैलाएं
अपने पास
गंध तुम्हारे देह की
बसी है सांसो में-
मृग-तृष्णा सा व्याकुल मन
भटकता है - इधर-उधर।
तुम्हारी बाहों का आलिंगन,
छू जाता है अर्न्तमन को,
उठने लगता है ज्वार, समूचे शरीर में
फिर खो जाता हूं मैं
तुम्हारी उन्हीं मधुर यादों में।।

एकान्त

स्मृतियों के स्पर्श की
सुखद गरमाहट में लिपटे,
हम लेटा किये,
देर तक
तुमको सोचते हुए।
एकान्त
क्यों इतना प्रिय है मुझे?
उन नितान्त एकाकी क्षणों में
तुम्हारा साथ जो
सहज ही मिल जाता है मुझे।।

प्रगतिवाद

सड़क के बीचों-बीच
एक आदमी लेटा था,
किसी का बाप, किसी का बेटा था,
कीचड़ से सना था,
मजमा जमा था।
भारी भीड़ तमाशाइयों की,
पढ़े-लिखे, शिक्षित भाइयों की,
कोई कह रहा था, "पी ली है ज़्यादा,
इसीलिए औंधे पड़े हैं दादा!
हमारे देश में यही एक ख़राबी है,
कि आधे से ज्यादा वस्तुतः शराबी हैं।
न दिन देखें, न रात
न जाड़ा न बरसात!
भई, ये भी कोई वक़्त है पीने का
फिर आख़िरी दिन है महीने का!
पर इन्हें क्या? पी ली, और गिर गए,
ऐसा लग रहा है ज्यों मर गए।
अरे पियो, पियो, किसने रोका है?
मगर पीने का भी तो कोटा है!
बाल-बच्चे होंगे तुम्हारे भी अपने,
सजाए तो होंगे ही तुमने भी सपने,
मां-बाप, भाई और बहन-

उनका भी भार करते होंगे वहन,
कुछ तो ज़िम्मेदार बनते,
साथ ही होशियार बनते।
नशा ही करना था तो कमरे में करते,
दिन-दहाड़े सड़क पर 'धुत' तो न गिरते।"

तभी उधर से एक नेता जी आए,
भारी-भरकम थे, भीड़ को हटवाए,
सड़क पर गिरे व्यक्ति पर नज़रें गड़ाए,
कुछ दार्शनिक अंदाज में ऐसे फ़रमाए-
"भाइयों, हमारा देश, जा रहा है आज गर्त में,
लेकिन क्या वास्तविकता है इसकी पर्त में?
प्रगति नहीं होती, लोग कह तो देते हैं,
पर क्यों नहीं होती, इसका 'नोटिस' नहीं लेते हैं।

जब हमारे देश के कर्णधार,
युवक, नागरिक, ज़िम्मेदार,
जैसे यह किसी का बाप, किसी का बेटा,
पीकर शराब रहेगा यूं लेटा,
इस तरह कि होशो-हवास तक हैं गुम
भाइयों! इसके ज़िम्मेदार हम हैं या तुम?"

तालियां....
नेता जी के भाषण पर बजीं,
तभी सुनाई दी आवाज़, एक दर्द-भरी,
"भाईयों, मुझे उठाओ,

किसी तरह मुझे मेरे घर तक पहुंचाओ।
मेरी मां सख्त बीमार है,
उसे एक सौ पांच डिग्री बुखार है!
मैं तो दिन-भर मेहनत करने के बाद घर आया था,
मां को बीमार जानकर ये दवाईयां लाया था।
जल्दी में मुझे नहीं पड़ा दिखलाई,
मेरी साइकिल इस कदर लड़खड़ाई,
समझ भी न पाया कि मामला क्या है,
लगता है, मुझको फ्रैक्चर हो गया है।
भाइयों! मुझे उठाइए, या न उठाइए,
पर कृपा करके ये दवाईयां मेरी मां तक पहुंचाइए,
कहीं ऐसा न हो,
कि मेरे पहुंचने से पहले वो दम तोड़ दे,
मुझे नालायक समझकर यह भ्रम जोड़ ले,
कि मैं गिर पड़ा होऊंगा कहीं पीकर,
मां को दवा भी न दे सका,
लानत है यूं जीकर!
मुझे आत्मा की इस टीस से बचाइए,
उठाइए, प्लीज उठाइए।"

तभी किसी ने पूछा, "ऐ भाई!
तेरी यह हालत किसने बनाई?
क्या तुझे चक्कर आ गया था?
जो बीच रास्ते में लड़खड़ा गया था।"
कराहता हुआ वह व्यक्ति बोला,
"मां की दशा से संतुलन डगमगाया था,

अपने आपको रोक नहीं पाया था,
साइकिल उठाकर इस राह आया था,
सड़क ऊबड़-खाबड़ थी, गड्ढा था बीच में
गड्ढे में गिर पड़ा मैं, सन गया कीच में,
लगता है टांग टूट गई है,
अब घर कैसे जाऊंगा,
ये दवाईयां मां तक कैसे पहुंचाऊंगा?
ख़ैर मेरी चिंता मत कीजिए,
बस, ये दवाईयां मेरे घर भेज दीजिए!
आप तो मेरे मित्र, मेरे पोषक हैं।"
कोई बोला, "चुप रहो। हम तो आलोचक हैं।
लेखक हैं, पन्ने-के-पन्ने भर सकते हैं,
कैसी भी, किसी की भी आलोचना कर सकते हैं।।"

यह सुनकर
उस व्यक्ति के चेहरे पर उदासी आ गई,
वातावरण में अजीब-सी
निस्तब्धता छा गई।

तभी उसने देखा
कि भीड़ धीरे-धीरे छंटने लगी थी,
कुछ इधर, कुछ उधर कटने लगी थी।
नेता जी, जो प्रगति का पाठ पढ़ा रहे थे,
सबकी नज़र बचाकर वहां से जा रहे थे।

अब वह अकेला था, उठ नहीं पा रहा था,
दवाईयां हाथ में लिए छटपटा रहा था,
उसने अपनी टूटी टांग को देखा,
और उस बड़े गड्ढे को देखा,
जिसमें वह गिरा था,
उसे लगा जैसे वह कोई सिरफिरा था,
गड्ढे को देखकर वेदना से मुस्कुराया-
'प्रगतिवाद' का अर्थ समझ में आया,
पर उसकी इस मनोदशा को देखने वाला
कोई न था,
सभी आलोचक व तमाशाई जा चुके थे,
जितनी मज़ाक उड़ानी थी, उड़ा चुके थे।

क्षणिकाएं

परम्परा से परे

मैं
डूबते हुए सूरज को प्रणाम करता हूं,
क्योंकि यह
डूबते हुए सूरज को भी भाता है,
और मेरा प्रणाम
व्यर्थ नहीं जाता है।

विरोध

मेरा विरोध
रोशनी से है,
जो अंधेरों का एहसास कराती है।
मेरा विरोध
सुखों की अनुभूति से है,
जो दुःखों का दर्द बांटती है।
मेरा विरोध
हर उस सहमति से है,
जो विरोध-का-विरोध न कर पाती है।

बेहतर

दस के, पांच के
सड़े-गले नोट
हमारे लिए एक मेहतर से बेहतर हैं-
क्योंकि मेहतरों के पास जाने से हम कतराते हैं,
लेकिन उन्हीं का इस्तेमाल किया गया नोट-
अगर हमारे पास आ जाता है
और ग़लती से ज़मीन पर गिर जाता है
तो उसे उठाकर, फिर चूमकर,
हम अपने साफ-सुथरे पर्स की
शोभा बढ़ाते हैं।

बदलते दृश्य

एक महानगरी की
ऊंची-ऊंची अट्टालिकाओं के पास स्थित
कुछ छोटी-छोटी झुग्गी झोपड़ियां
और गगनचुम्बी इमारतों के एक
अर्पाटमेन्ट की बालकनी में बैठा मैं।
देखता हूं कुछ दृश्य
शाम के धुंधलके में।

दृश्य-एक

पांच-छः साल का एक लड़का
बिल्कुल नंग-धड़ंग
झोपड़ी के आगे जाकर
कर रहा है लघुशंका,
फिर खाने लगता है एक रोटी
अचानक कहीं से आ धमका एक कुत्ता,
छीन लेता है कुत्ता, रोटी का टुकड़ा
लड़के के हाथ से।
पीछा करता है लड़का कुत्ते का कुछ दूर
कुत्ता भाग जाता है, लड़के को धता बताकर-
लड़का रोते हुए चला जाता है
झोंपड़ी के अंदर।।

दृश्य-दो

एक झोपड़ी के अन्दर से
लड़ने की बेतरह आवाज़ें,
एक मरियल सा आदमी
जिसने पी रखी है दारू,
बाल खींच कर ला रहा है एक औरत को,
औरत कर रही है प्रतिकार,
बगल की झुग्गी से निकलता है एक अधेड़ व्यक्ति-
पकड़ लेता है मरियल को,
मरियल मार रहा है उसे भी,

एक अधेड़ औरत, पके बाल
खींच कर ले जा रही है उस आदमी को अलग
बीच-बचाव के प्रयास के बाद हार कर
मरियल फिर मारता है उस स्त्री को
मारते हुए खींच कर ले जाता है
झोपड़ी के अन्दर,
फिर वही आवाज़ें लड़ने की
देर तक..........
फिर अचानक शान्ति।।

दृश्य तीन
एक लाल रंग की बड़ी सी गाड़ी,
आई है झुग्गी वाली बस्ती में,
शाम का धुंधलका तेज हो चला है,
मुझे अर्पाटमेंट की इस ऊंचाई से
अब साफ़ नहीं दिख रहा है,
एक मानव आकृति-सी उतर रही है,
उस लम्बी कार से,
आकृति घुसती है एक झोपड़ी में,
थोड़ी देर बाद दो आकृतियां
झोपड़ी से निकलकर
हो जाती हैं सवार उस कार में,
कार की बैक लाइट जलती है,
और चल पड़ती है कार
दूर, काफी दूर जाकर
कार की हेडलाइट जल जाती है
और कार मेरी आंखों से ओझल हो जाती है।

गुंजन

दीपावली की
एक शाम को
दीपों की जगमगाहट में
अधरों की मुस्कुराहट में,
यौवन से भरे मधुमास में,
एक कली पर
एक भ्रमर की दृष्टि पड़ी।

उस कली का
रूप ही
कुछ ऐसा था
ऐसा सादापन
इतना माधुर्य
कि
भ्रमर ने अपना हृदय
कर दिया अर्पण
उस कली को,
और कली भी
भ्रमर की,
मस्त चाल और मोहक गुंजन से
प्रभावित हुई,
हर्षित हुई
मन-ही-मन

कुछ मुस्कुराई
और कुछ लजाई।
भ्रमर के स्वप्न
स्वर्णिम हुए
कली ने
उससे अनुरोध किया,
फिर उसी
मनमोहक गुंजन का
और भ्रमर भी
अपने स्वर से
कली के
नन्हें हृदय को
गुंजित करता रहा,
करता रहा।

अचानक
समय का चक्र घूमा,
कली पुष्प बनी,
और भ्रमर का गुंजन भी
समय के चक्र के
घोर निनाद में
दब सा गया।

लड़खड़ाकर,
डगमगा कर,
गिर पड़ा भ्रमर
और वातावरण की
निस्तब्धता में

उसने देखा
कि एक माली आया
और पुष्प बनी उस कली को
रख लिया
अपनी डलिया में तोड़कर।
प्यासा भ्रमर भी
अपनी आशा को छोड़कर
देखता रहा
उस भ्रमर को
जो
न जाने कहां से
माली की डलिया के चारों ओर,
कुछ ही देर पहले से
मंडराने लगा था।।

दोहे

उद्यम से सब होत, इच्छा से कछु नाय।
मुख में सोते सिंह के, मृग यूं ही न समाय।।1।।

पर पीड़ा सम पाप नहिं, पर-उपकार महान।
पर-उपकारी जीव से, रहते खुश भगवान।।2।।

बन्दों में भगवान है, पूछ कुशल और क्षेम।
प्रभु से खुद हो जायेगा, कर बन्दों से प्रेम।।3।।

भारी सुख की प्रतीक्षा, मत कर रे संसार।
छोटे-छोटे सुक्ख से, कर जा जीवन पार।।4।।

राजिस बंशी देह है, कर सुर की पहचान।
सातों सुर बजने लगें, मिल जायें भगवान।।5।।

जिसकी जैसी आत्मा, वैसा ही परिणाम।
अपने अंदर झांकना ही, होता अध्यात्म।।6।।

पूजा मंदिर में करें, पर मन में व्यवसाय।
ऐसे भक्तों की प्रभू, सुने कहां तक हाय।।7।।

चिन्ता चिता समान है, चिन्तन है मकरन्द।
'चिन' ता है यह चित्त को, तन को दे आनन्द।।8।।

नष्ट न होवे आत्मा, ये ऐसा है जान।
ज्यों मकान इक छोड़कर, बदले मकीं मकान।।9।।

नहीं जरूरी छोड़िये, अपना घर परिवार।
ठुकराओ मत दीन को, इतना ही दरकार।।10।।

आयु न तय अध्यात्म की, बच्चा, वृद्ध, जवान।
हो जायें अध्यात्मिक, लें जब निज को जान।।11।।

प्रवचन जब तक सुन रहे, तब तक प्रभु का साथ।
ज्यों निकले पंडाल से, भूल गए हर बात।।12।।

धर्म न हिन्दू, मुसलमां, जान लीजिये धर्म।
धारण करता आचरण जीव, वही है धर्म।।13।।

सुन्दर देह मिली मगर, किये असुन्दर काम।
जग कोसा इह लोक में, लिया न कोनो नाम।।14।।

थोड़ी मुद्रा खर्च कर, सूरत लई बनाय।
कोटि-कोटि खर्चा किया, बदला नहीं सुभाय।।15।।

टिकट सत्य का साथ है, फिर क्या भय की बात?
जो भी चाहे देख ले, दिखा उठाकर हाथ।।16।।

संयम में बल बहुत है, दस कुंजर घबराये।
जोड़-तोड़ जितना करें, जतन वृथा ही जाये।।17।।

झूला छोड़ कुकर्म का, मत ले ज्यादा स्विंग।
ऊपर वाला कर रहा, ऑपरेशन स्टिंग।।18।।

अवसर जब तक ना मिले, रहे भक्ति में लीन।
पाते ही अवसर मगर, बदल गया है सीन।।19।।

मिथ्या देह बता रहे, स्वामी सेवक दास।
बीच-बीच में खींचते, रबड़ी भरे गिलास।।20।।

सबसे बड़ा व्यंग्य

मेरे एक मित्र ने आग्रह किया मुझसे
"अपने जीवन की सर्वश्रेष्ठ व्यंग्य रचना सुनाओ"
मैंने कहा
"सुनो और सुनकर अपनी प्रतिक्रिया बताओ।"

"रेल की छत पर कटते हुए लोग,
अनियंत्रित प्रदूषण, अनियन्त्रित रोग,
आतंकवाद, आरक्षण, रोज़ी और रोटी,
टी.वी. पर 'लेट नाइट पिक्चरें' देखते हुए
दादा, बाप और बेटी
आगजनी, विस्फोट, बलात्कार
दहेज के लिए जलती बहुओं की चीत्कार,
पैसे के लिए देश को खोखला करते जासूस,
ग़रीबों के अंधेरे, अमीरों के फानूश,
पूंछ से बैठने की जगह साफ करते हुए कुत्ते,
एक-दूसरे की टांग खींचते हुए अफ़सरों के क़िस्से,
अफ़ीम की खेती करते हुए माननीय मंत्री,
ब्लैक मार्केटिंग करते व्यापारी संतरी,
नाम से जोगी, भोग में रत।
हरि ओउ्म तत्सत, हरि ओउ्म तत्सत!!
यह भारत है भारत!
कृष्ण का भारत, राम का भारत!!

बुद्ध का भारत,
अशोक का भारत!!
यह है इसके बदलते परिवेश
सोने की चिड़िया सा मेरा यह देश।

हां, लगता है सब कुछ बदल गया है
नहीं बदली तो बस एक चीज़
और वह है भिखारी की नियति
वह अनन्त काल से यथावत है,
मानो देश की संस्कृति की अमानत है।"

कविता सुनाकर मैंने मित्र से पूछा,
"कहो मित्र! कैसी रचना है?"
मित्र बोले, "यह तो करूणा है।"
मैंने प्रतिवाद किया, "ध्यान से देखो,
इतनी विसंगतियों पर भी हम चुप हैं, लाचार हैं,
भिखारी की नियति की भांति कुछ नहीं करते, बेकार हैं।
हां, करने के नाम पर बस इतना कर सकते हैं,
कलम उठाकर एक अदद कविता लिख सकते हैं।
मित्र! व्यंग्य विधा का यह भी एक ढंग है,
और स्वयं शायद हम पर, यह सबसे बड़ा व्यंग्य है।"

■■■